FORMULE 1

INCROYABLES PILOTES, INCROYABLES DESTINS

Non Officiel

W0395388

ORLEN
24
ant
aramco
RENAULT
E-TECH
Castrol
ultimate
ALPINECARS.COM
16
Santander
aws
Snapdragon
Ray-Ban
INEOS
CROWDSTRIKE
AMD
TeamViewer
PIRELLI

FORMULE 1

INCROYABLES PILOTES, INCROYABLES DESTINS

Non Officiel

Heineken
Heineken
DARKTRACE
Tezos
RICHARD MILLE
OTR

ASTON MARTIN
Red Bull
RACING
TAG
HEUER
ASTON MARTIN
Mobil 1
HONDA
AMG
UBS
Qualcomm
Hewlett Packard
Enterprise
PETRONAS
ups
MISSION
WINNOW

Chapitre 1

LE FACTEUR HUMAIN

LES ACTEURS DE LA F1

La Formule 1 est une affaire de personnes, autant que de technicité. Certaines écuries comptent plus de mille membres, dont seuls soixante-dix à quatre-vingts se déplacent sur les circuits. Si les vingt pilotes sont les principaux acteurs des retransmissions télévisées et focalisent l'attention des fans, il s'agit d'un sport d'équipe dans lequel chacun contribue à la réussite globale. L'élargissement de la couverture télévisuelle et l'essor des médias spécialisés, ainsi que l'impact des réseaux sociaux ont donné naissance à de nouvelles stars – des visages récurrents, mais dont on peine parfois à comprendre le rôle. Autrefois, un minibus aurait suffi à transporter toute une équipe. Alors, que font toutes ces personnes ? Et quelle place occupent-elles dans la course automobile version XXIe siècle ?

Christian Horner (directeur d'équipe de Red Bull Racing), Toto Wolff (directeur d'équipe et PDG de Mercedes-AMG F1 GP) et Mattia Binotto (directeur d'équipe de la Scuderia Ferrari) au Grand Prix de Monaco, du 23 au 26 mai 2019. Malgré leur respect mutuel, ces hommes restent animés par un puissant esprit de compétition.

Le Team Principal

Si *Drive to Survive* (*DTS*) était une série de fiction, les Team Principals (ou directeurs d'équipe/d'écurie) incarneraient l'autorité. Ils apparaissent régulièrement en situation de conflit ou en train de gérer les crises et *Drive To Survive* n'hésite pas à mettre l'accent sur les tensions qui les opposent. La saison 1 donne parfois l'impression que Christian Horner (Red Bull) et Cyril Abiteboul (Renault) sont sur le point de rejouer une scène de *Dynastie*, celle où Krystle et Alexis Carrington en viennent aux mains dans un bassin de nénuphars.

Dans les derniers épisodes, difficile de ne pas comparer la rancœur tenace qu'éprouve Horner envers Toto Wolff (le directeur de l'écurie Mercedes) à la relation entretenue par Bobby Axelrod et Chuck Rhoades dans la série *Billions*. Parfaite image, en effet, pour un poste qui a trait à l'ensemble des activités d'une équipe de F1, y compris la question cruciale de la gestion de millions de dollars. Bien que l'organisation varie d'une écurie à l'autre, il s'agit, au quotidien, d'un rôle de leadership. En dernier lieu, le succès des opérations qui se déroulent sur le circuit et la qualité de la voiture qui sort de l'usine incombent au Team Principal – de même que le choix des pilotes.

Cyril Abiteboul, directeur général de Renault Sport F1 et Christian Horner, Team Principal de Red Bull Racing, au départ du Grand Prix de Bahreïn, en 2018. La relation entre Red Bull et Renault s'était déjà détériorée, car Horner équiperait son écurie de moteurs Honda l'année suivante.

On a coutume de dire qu'il faut un village pour élever un enfant. Mais, pour courir en F1, il faut bien plus encore. Voici un aperçu des membres de l'équipe Virgin Racing impliqués sur le circuit. En coulisses, aux côtés du motoriste et de tant d'autres ingénieurs, ils interviennent afin de concevoir et construire une voiture, la faire rouler en compétition et, si possible, l'emporter.

En 2012, Claire Williams, fille de Sir Frank Williams, fondateur et directeur de Williams F1, a pris la tête de l'écurie. Jusqu'à son rachat en 2020, Williams était la dernière équipe appartenant à une entreprise familiale.

AMG
UBS
EPSON
BOSE
PIRELLI
WIHURI

Toto Wolff, Team Principal de Mercede
AMG F1, en pleine discussion avec
son pilote vedette et multiprimé,
Lewis Hamilton, lors du Grand Prix
de Russie 2018. Ce dernier, en route
pour son cinquième titre mondial en F
l'avait emporté ce jour-là.

Le « Freddo-gate »

L'époque où directeur d'équipe rimait avec propriétaire plutôt qu'avec salarié est révolue. Pourtant, les enjeux demeurent tout aussi élevés, l'implication et l'alchimie avec l'écurie, tout aussi importantes. En témoigne, par exemple, le parcours de McLaren durant les saisons documentées par *Drive to Survive*.

McLaren avait supprimé le traditionnel poste de Team Principal au profit d'un directeur de course qui rapportait à un PDG qui, à son tour, rendait compte au président et PDG du groupe McLaren, Ron Dennis, lui-même ancien directeur de l'écurie. Il y avait trop de têtes pensantes. Dans « Rififi au sommet » (S.1, Ép.5), le remplaçant de Dennis, l'entrepreneur américain Zak Brown, tente de mettre de l'ordre dans ce chaos – c'est finalement le directeur de la compétition Éric Boullier qui en fait les frais.

Le *Daily Mail*, qui n'hésitait pas à s'en prendre à Boullier, a été à l'origine du « Freddo-gate », du nom de ces barres chocolatées bon marché. Des employés de McLaren mécontents avaient révélé au quotidien britannique qu'on leur distribuait ces confiseries dans le cadre d'un programme d'incitation informel initié par une direction coupée des réalités. Dans l'épisode de *DTS*, lors de la conférence de presse, la voix anonyme qui demande à Boullier s'il doit démissionner est celle de Jonathan McEvoy, le journaliste du *Daily Mail*.

S'en est suivie une nouvelle restructuration, au cours de laquelle Brown a recruté Andreas Seidl en tant que Team Principal. Venu de chez Porsche, il bénéficiait d'une bonne réputation et est revenu à des méthodes de management plus traditionnelles, avec des reportings « en ligne directe », selon ses termes. Il a rapidement regagné la confiance de l'équipe en donnant l'exemple. Au début de la saison 3, on le voit notamment rester à Melbourne pour veiller au bon retour des membres de son équipe décimée par la pandémie, ou les motiver à l'occasion d'une photo de groupe après la victoire de Daniel Ricciardo à Monza, dans la saison 4.

Le Français Éric Boullier, directeur de la compétition de McLaren F1, a payé au prix fort les difficultés rencontrées par l'équipe en 2017.

L'Américain Zak Brown, directeur exécutif de McLaren (à gauche) et Andreas Seidl, Team Principal de l'écurie McLaren, au départ du Grand Prix d'Espagne 2022. Les deux hommes ont largement contribué à redonner à McLaren F1 sa réputation d'écurie capable de l'emporter à tout moment. McLaren a renoué avec les moteurs Mercedes, son équipe de pilotes allie jeunes talents et champions expérimentés.

> « Il y avait trop de têtes pensantes. »

Le Team Manager

Si le Team Principal exerce un pouvoir de type exécutif, le Team Manager (ou manager d'équipe, parfois appelé directeur de la compétition ou de course) intervient davantage en coulisses, mais joue un rôle tout aussi essentiel dans le fonctionnement quotidien de l'écurie. Entre chaque course, il est responsable des questions logistiques garantissant le bon acheminement des voitures, de leurs composants, de tous les équipements et des membres de l'équipe à travers le monde. Une tâche qui gagne sans cesse en complexité à mesure que le nombre d'événements augmente et que de plus en plus de matériels doivent être transportés par voie maritime pour des raisons environnementales.

Les aspects administratifs sont également du ressort du Team Manager, qu'il s'agisse de garantir la fluidité des passages en douane des équipements (éviter toute saisie, gérer les droits d'importation et d'exportation) ou même d'effectuer les démarches pour les Super Licences au nom des pilotes.

Sur le circuit, le Team Manager doit veiller à ce que chacun se sente bien. Alors qu'ils sont loin de chez eux, qu'ils voyagent et travaillent ensemble, des tensions peuvent apparaître entre les membres de l'équipe.

Le Team Manager doit également être au fait des règlements sportifs. Durant la saison 2021, une plus large diffusion des échanges radio entre les équipes et la FIA a permis de mettre en lumière ces personnages de l'ombre. C'est ainsi qu'en Arabie saoudite et à Abou Dhabi, le directeur sportif de Red Bull, Jonathan Wheatley, a joué un rôle central dans le feuilleton de la course au titre en cherchant directement à influencer le directeur de course.

Le turnover est relativement faible parmi les Team Managers. La plupart sont sur le circuit depuis des années et ont gravi les échelons au fil du temps. Wheatley et son homologue chez Mercedes, Ron Meadows, en sont de parfaits exemples : ils ont commencé leur carrière dans le sport automobile en tant que mécaniciens. Wheatley était chef mécanicien chez ce qui est aujourd'hui Alpine avant de devenir Team Manager chez Red Bull en 2006. Quant à Meadows, il est chez Mercedes depuis l'époque de la British American Racing et a contribué à la construction et l'équipement de l'usine.

« Lequel d'entre nous l'emportera aujourd'hui ? » Voilà peut-être la teneur de l'échange entre Ron Meadows, Team Manager chez Mercedes GP (à gauche), et Jonathan Wheatley, directeur sportif de Red Bull Racing, lors du Grand Prix de Grande-Bretagne 2022. En fin de compte, aucun n'aura sabré le champagne ce jour-là, Carlos Sainz Jr. ayant célébré sa première victoire en F1, au volant de sa Ferrari.

Ici avec sa femme, l'actrice Michelle Yeoh, Jean Todt a compté parmi les Team Managers qui ont connu le plus de succès. Il était à la manœuvre à l'époque où Michael Schumacher roulait pour Ferrari et a présidé la FIA durant plus d'une décennie.

Le directeur technique

Il fut un temps où une seule et même personne pouvait prendre en charge la conception quasi intégrale d'une Formule 1. Désormais, la course automobile de haut niveau atteint un tel degré de sophistication, de technologie et de précision qu'il serait impossible qu'un individu dessine chaque composant. Néanmoins, il faut bien un responsable dont la fonction allie vision de l'ingénierie et management des équipes. Il définit les grands principes de l'ingénierie et doit veiller à ce que son équipe de concepteurs et d'aérodynamiciens (souvent conséquente) remplisse tous les objectifs fixés en matière de performance et de poids de la voiture.

La plupart des directeurs techniques sont issus du milieu de l'aérodynamisme et plusieurs ont joué un rôle décisif au regard des progrès majeurs réalisés au cours des trois dernières décennies. Chez Mercedes, par exemple, Mike Elliott était responsable de l'aérodynamique avant que son prédécesseur, James Allison, n'occupe le poste de directeur technique. Ce dernier est un ancien aérodynamicien et, chez Ferrari, il a ouvert la voie au rôle crucial, mais méconnu, d'aérodynamicien de piste. Aujourd'hui, il s'agit d'un maillon essentiel de la chaîne. Entre le circuit et l'usine, il vérifie si le travail de simulation se reflète dans les temps au tour.

Le gourou de l'ingénierie le plus célèbre de la F1 est sans doute Adrian Newey (Red Bull). Ses expériences d'aérodynamicien et d'ingénieur de course lui ont permis de développer une vision unique sur l'ensemble des performances d'une voiture. Preuve de son rôle décisif pour l'équipe, chaque fois qu'il traverse une phase de désenchantement envers la F1, Red Bull le laisse prendre du recul et se consacrer à d'autres projets. Il collabore ainsi avec les équipes des yachts de la Coupe de l'America ou avec Aston Martin sur le design de la Valkyrie.

En Formule 1, les équipes prennent toujours le temps d'échanger avec les médias du monde entier. Ici, Jan Monchaux, directeur technique chez Alfa Romeo F1 Team ORLEN, s'entretient avec Will Buxton, de F1 TV, au sujet de la voiture en lice pour le Grand Prix d'Arabie saoudite 2022.

Adrian Newey (à gauche) compte parmi les plus grands concepteurs de voitures de course de grand prix de tous les temps. Il mérite amplement son titre de directeur technique pour Red Bull Racing.

Personnages clés

Gordon Murray

Designer superstar des années 1970 et 1980, l'ingénieur sud-africain Gordon Murray sortait indéniablement du lot : instinctif et créatif, il était doté d'une capacité de travail hors-norme. Ses innovations n'ont pas toujours été couronnées de succès (sa tentative de montage d'un panneau d'échangeur thermique en remplacement des radiateurs de la Brabham BT46 de 1978 n'a pas fonctionné), mais son travail a été largement copié.

Il est, à juste titre, célèbre pour la controversée « fan car » (dite « voiture aspirateur », car la monoplace était plaquée au sol par effet de succion) et pour la splendide Brabham BT52, qui a remporté le championnat. Gordon Murray l'a conçue à partir d'une page blanche, presque seul et en l'espace de six semaines lorsqu'un changement de règlement de dernière minute l'a contraint à revoir ses plans pour la saison. Il a également participé à la conception de la McLaren MP4/4 qui, en 1988, a remporté quinze des seize courses.

Gordon Murray, concepteur de voitures et formidable directeur technique, fait le point avec le champion argentin Carlos Reutemann, installé à bord de sa Brabham F1 lors du Grand Prix d'Allemagne 1973.

L'INGÉNIEUR EN CHEF

L'ingénieur en chef de Red Bull Racing, Jonathan Wheatley, délaisse un instant ses multiples moniteurs et écrans d'ordinateur pour se retourner et observer ce qui se passe lors d'un arrêt au stand pendant le Grand Prix d'Émilie-Romagne 2022, à Imola. Une excellente journée pour l'écurie dont les pilotes Verstappen et Perez se sont classés en première et deuxième position.

Lors des débriefings officiels d'après course ou des discussions informelles en coulisses, *Drive to Survive* vous donne accès au cœur des opérations. Vous remarquerez que les intervenants qui s'expriment le plus calmement sont souvent les ingénieurs en chef. En cas de problème sur la piste, lorsque les caméras se tournent inévitablement vers le Team Principal, la tête entre les mains, vous distinguez, en arrière-plan, l'ingénieur en chef, les yeux rivés aux moniteurs. Ce poste exige de la concentration, de la discipline intellectuelle et souvent un doctorat.
Sous la responsabilité du directeur technique, il gère l'ensemble des activités liées à l'ingénierie en temps de course (aérodynamique, pneus, châssis, électronique), et ce, afin de maximiser les performances de la voiture. À l'usine, il supervise les phases de développement, en gérant différents départements tels que ceux chargés des aspects scientifiques et des performances de la monoplace. Certaines grandes équipes répartissent les responsabilités sur deux postes distincts (opérations sur piste/en usine).
Cette fonction requérant à la fois une formation pointue et des soft skills telles que la capacité à manager une équipe, le turnover est faible. Le directeur de la performance de Mercedes, Mark Ellis, a passé six ans au sein de l'équipe (BAR-Honda, à l'époque), puis six autres chez Red Bull avant de revenir en 2014. L'ingénieur de piste en chef de l'équipe, Andrew Shovlin, a rejoint BAR en 1999 et accompagné Jenson Button sur ses courses. Quant à Tom McCullough d'Aston Martin, il est arrivé à l'époque du précédent propriétaire, en 2014, en tant qu'ingénieur de piste en chef. Depuis, à mesure que l'équipe a bénéficié de nouveaux investissements, le poste a évolué vers celui de directeur de la performance.
Dans une équipe plus petite, telle que Haas, l'ingénieur en chef Ayao Komatsu est responsable sur circuit, comme en usine. Il apparaît régulièrement dans *DTS* du fait de sa proximité avec le sulfureux Team Principal, Günther Steiner.

Juste avant le coup d'envoi, c'est souvent avec l'ingénieur de course que les pilotes passent le plus de temps. Ici, avant le départ du Grand Prix de Russie 2019, Ayao Komatsu (à gauche), l'ingénieur en chef de Haas F1 Team, s'entretient avec le pilote Kevin Magnussen. Tous deux espèrent un podium, car, au volant de sa monoplace, celui que l'on surnomme « K-Mag » a réalisé des courses prometteuses récompensées par quelques bonnes places, mais il leur reste encore beaucoup à accomplir.

« Ceux qui s'expriment le plus calmement sont souvent les ingénieurs en chef. »

L'ingénieur de course fait partie intégrante de l'entourage clé du pilote. Il fait office d'intermédiaire entre celui-ci et les opérationnels de l'équipe. À l'instar du physio (ou kiné, voir page 24), tous deux entretiennent une relation très proche. Cette fonction allie également expertise technique et savoir-être : l'une des principales missions de l'ingénieur de course consiste à échanger avec le pilote, à comprendre sa perception du comportement de la voiture, puis à identifier les moyens concrets de la faire évoluer en vue de l'optimiser.

Durant la course, il sera souvent le seul membre de l'équipe à communiquer avec le pilote – mieux vaut en effet ne pas multiplier les interlocuteurs lorsque ce dernier est concentré sur sa conduite. Les téléspectateurs sont ainsi familiers de certaines voix qui jouent un rôle clé, sans pour autant les associer à des visages : par exemple celles de Peter Bonnington (en lien avec Lewis Hamilton) et Giampero Lambiase (avec Max Verstappen).

Il arrive cependant que d'autres responsables prennent la parole. Souvent, le Team Principal échange par radio avec le pilote après l'apparition du drapeau à damier pour le féliciter ou le réconforter. Chez Mercedes, le stratège en chef, James Vowles, s'exprime de temps à autre – généralement pour s'excuser auprès d'Hamilton en cas d'erreur stratégique ou pour insister auprès du second pilote sur l'importance d'une consigne. Sur les réseaux sociaux, « Valtteri, c'est James… » est devenu un mème, en référence à l'apostrophe adressée à Valtteri Bottas, l'ancien coéquipier d'Hamilton, parfois récalcitrant. Au cours de la saison 2020, à la demande de Bottas qui réclamait davantage d'échanges avec lui, le Team Principal de Mercedes, Toto Wolff, est intervenu plus souvent durant les courses.

Le rôle de l'ingénieur rejoint également celui du kiné lorsqu'il est question de la psychologie du pilote. Confronté à un individu brillant en situation de stress élevé, le ton de ses messages radio rappelle celui d'un pilote de ligne s'adressant à ses passagers. Si un pilote peine à exploiter pleinement sa voiture, remplacer son ingénieur de course peut s'avérer efficace. Bien qu'il n'en soit pas fait mention dans « Crise de croissance » (S.4, Ép.7), qui suit les performances du pilote Esteban Ocon chez Alpine, l'un des facteurs ayant contribué à sa remontée en 2021 a été l'arrivée de nouveaux ingénieurs de course et de performance, Josh Peckett et Stuart Barlow. Son précédent ingénieur, Mark Slade, avait collaboré avec les champions du monde Mika Häkkinen et Kimi Räikkönen, mais il semble qu'il ne soit pas parvenu à recréer la même alchimie avec Ocon.

Les coureurs de F1 sont souvent des cyclistes avertis – comme s'ils étaient dotés d'une prédisposition naturelle envers tout ce qui implique des roues, de la vitesse et un certain esprit de compétition. De plus, le cyclisme constitue un excellent entraînement sur le plan physique. Ici, en 2022, le pilote de l'écurie Williams, Alexander Albon (à droite), effectue quelques tours du circuit de Silverstone (Angleterre) avant la course, avec son ingénieur de course, James Urwin.

Nouvel échange entre un pilote et son ingénieur de course. Ici, Esteban Ocon (pilote d'Alpine F1 Team) s'entretient après avoir réalisé une bonne course avec Josh Peckett (ingénieur de course) avant le départ du Grand Prix d'Autriche 2022. Ce jour-là, Ocon décrochera une honnête cinquième place et marquera quelques points après avoir réalisé une bonne course.

Le chef mécanicien

Chef des membres de l'équipe du garage (officieusement appelé les « bolters », littéralement « ceux qui boulonnent »), le chef mécanicien est responsable du montage et du démontage des voitures sur le circuit (qui, pour des raisons logistiques, sont expédiées en pièces détachées). Il entretient également les monoplaces et procède aux réglages décidés par le pilote et l'ingénieur.

Il intervient aussi lors des arrêts au stand. Aujourd'hui, ce rôle exige une meilleure condition physique et une plus grande habileté que par le passé. À l'époque, la durée des arrêts aux stands était liée au temps de ravitaillement en carburant (désormais interdit), par conséquent les changements de roues pouvaient être moins hâtifs. Dans l'ensemble, il s'agit de l'un des postes les plus éreintants et les plus méconnus de la F1 – bien que les heures de travail des mécaniciens aient diminué depuis que la FIA a instauré un couvre-feu nocturne afin de les préserver. En outre, les mécaniciens voyagent habituellement en classe économique : pour rester en forme, il leur faut donc faire preuve d'endurance. Ils sont également animés par un esprit de compétition exacerbé.

Dans *Drive to Survive*, les incidents sur piste sont généralement suivis d'un plan qui montre la réaction des mécaniciens. Ce montage, devenu un classique, s'explique à la fois par l'esprit de compétition qui les caractérise et par l'aspect difficile de leur travail, qui accentue leur investissement émotionnel. Leur attitude témoigne du respect qu'inspirent les pilotes : si l'un d'eux quitte volontairement la piste, les mécaniciens se contentent de lever les yeux au ciel.

On comprend la pression inhérente à ce poste. Du fait des nombreux déplacements obligatoires les week-ends, les mécaniciens privilégient souvent un poste en usine. Dans la saison 4 de *DTS*, les téléspectateurs attentifs remarqueront peut-être l'absence d'un visage familier dans les plans qui montrent les réactions au sein du garage Red Bull : le chef mécanicien de Max Verstappen, Lee Stevenson, a en effet quitté le circuit avant le début de la saison 2021. C'est lui qui avait supervisé la réparation express de la monoplace du pilote avant le GP de Hongrie en 2020.

Le chef mécanicien de Mercedes F1, Matt Deane, fait le point avec son poulain, Lewis Hamilton.

Pour des raisons logistiques, les voitures de F1 sont expédiées en pièces détachées vers et depuis les circuits. Ici, des « bolters » de chez McLaren interviennent sur une monoplace lors du Grand Prix de Grande-Bretagne 2022.

On distingue, au cours des dernières années, deux types d'arrêts au stand pour la Scuderia Ferrari : soit des arrêts fluides et rapides avec un minimum d'erreurs ou de retards, soit des arrêts désorganisés et truffés de dysfonctionnements.

Alors que l'ingénieur de course peaufine la relation entre le pilote et sa monoplace – avec une pointe de psychologie –, le physio (ou kiné) s'intéresse aux aspects corporels, voire au mental. D'ailleurs, les pilotes l'emmènent souvent avec eux lorsqu'ils changent d'équipe : à l'instar de celle qui les unit à l'ingénieur de course, leur rapport repose sur la confiance et la compréhension mutuelles, ainsi que sur le fait de permettre au pilote d'atteindre sa performance optimale.

Si, en F1, la plupart des physios travaillent pour Hintsa Performance, certains sont indépendants et beaucoup mènent une carrière pour le moins éclectique : Patrick Harding, le coach de performance d'Alexander Albon, a déjà collaboré avec l'équipe britannique de canoë-kayak lors des Jeux olympiques d'été et entraîne le boxeur Michael Conlan. Quant à Pyry Salmela, le physio d'Hintsa Performance qui s'occupe de Pierre Gasly, il était auparavant joueur de hockey sur glace.

Drive to Survive se délecte des situations dramatiques et tendues, si bien que les physios apparaissent souvent lorsqu'ils font subir aux pilotes des entraînements obscurs et apparemment douloureux, ou qu'ils endossent ponctuellement le rôle de psy en cas de coup dur. Cependant, la présence du physio n'est pas systématique : lorsque l'on découvre Esteban Ocon (S.1, Ép.6), les réalisateurs préfèrent le présenter comme un cavalier seul, un outsider qui s'entraîne de son côté.

Les épisodes et saisons suivantes s'intéressent davantage aux relations interpersonnelles. Alors que Valtteri Bottas subit la pression de George Russell pour conserver son siège chez Mercedes en 2021 (S.4, Ép.8), les scènes avec son physio Antti Vierula sont aussi révélatrices que celles avec sa petite amie, la cycliste Tiffany Cromwell. Ici, Vierula n'est pas seulement un entraîneur avec une liste d'objectifs liés aux performances du pilote, il est bel et bien son confident, le témoin de la perte de confiance de son protégé.

Lewis Hamilton, champion du monde en titre, attribue volontiers à Angela Cullen (son entraîneur/physio et indéfectible soutien) la responsabilité de sa condition physique et de ses succès sans pareils. Hormis lorsqu'il est au volant, ils sont presque toujours ensemble sur le circuit.

44
MONSTER ENERGY
CROWDSTRIKE
PETRONAS
POLICE
AKKODIS
THE RITZ-CARLTON
AMG
UBS
INEOS
Hewlett Packard Enterprise
LEWIS

Nombreux sont ceux qui ont prêté une liaison à Angela Cullen et Lewis Hamilton. Pourtant, ces allégations sont totalement fausses et tous deux se sont lassés de ces spéculations infondées. Cullen est mariée à un cycliste professionnel et mère de trois enfants. Officiellement physio d'Hamilton, on pourrait la qualifier de manager personnelle et « bras droit », car elle veille également à son régime alimentaire, ses habitudes de sommeil, sa préparation mentale, et supervise l'organisation de ses voyages.

PERSONNAGES CLÉS

Aki Hintsa

Voilà des décennies (depuis les Autrichiens Willi Dungl et Josef Leberer) que nous avons pris conscience de l'importance du facteur humain pour réussir en F1.

Mais c'est un chirurgien orthopédique et ancien missionnaire finlandais qui a posé le cadre de ce qui est aujourd'hui considéré comme la référence en la matière. Après avoir constaté que « la performance découle du bien-être », Aki Hintsa a élaboré une méthode d'entraînement holistique qui englobe l'esprit et le corps.

Hintsa est décédé en 2016, mais l'entreprise qu'il a créée s'occupe toujours de la plupart des pilotes de F1 et son livre, *The Core*, demeure une lecture incontournable pour tous les kinés.

Les physios, les managers personnels et les médecins sont des membres extrêmement importants de toute équipe de F1. Aki Hintsa, médecin de l'équipe McLaren (à droite), prodigue quelques derniers conseils au champion du monde 2009, Jenson Button, avant le départ du Grand Prix d'Inde 2011.

Lors des conférences de presse officielles de F1, vous verrez rarement ces deux hommes assis côte à côte le sourire aux lèvres. Le Team Principal de Mercedes-AMG, Toto Wolff (à gauche), et son homologue chez Red Bull, Christian Horner (à droite) doivent afficher un minimum de respect mutuel. Pourtant, leur antipathie n'échappe à personne : ils s'affrontent à chaque prise de parole et ne cessent de se critiquer.

Personnages clés

La rivalité Horner/Wolff

Difficile de regarder les dernières saisons de *DTS* sans conclure à l'obsession qu'entretient Christian Horner pour Toto Wolff. Malgré leurs points communs, les deux hommes sont fondamentalement différents. Tous deux se sont essayés à la course automobile avant d'exprimer leur talent dans un autre domaine. Leurs chemins ont divergé : Wolff a rejoint les hautes sphères de la finance puis a renoué avec le sport automobile en tant qu'investisseur/manager. Quant à Horner, il a monté sa propre équipe.

Bien que dans la saison 4 de *DTS* certains membres du camp Mercedes laissent entendre que la colère d'Horner serait uniquement motivée par sa jalousie face au succès de Wolff, la situation s'avère plus subtile qu'il n'y paraît. Dans l'épisode 1 de cette saison, Horner fait allusion au « parachutage » de Wolff dans une équipe déjà couronnée de succès. Il n'a pas totalement tort. Lorsque Dietrich Mateschitz, le magnat de Red Bull, a débauché Horner pour diriger son équipe en 2005, Arden Racing était la meilleure équipe du circuit en Formule 3000 (précurseur de l'actuelle F2). Red Bull Racing n'avait rien d'une start-up prometteuse : l'écurie n'avait rien gagné depuis des années et nécessitait un changement de culture radical. Non seulement Horner est allé chercher chez McLaren le gourou de la technologie Adrian Newey, mais il a également remanié la culture de l'écurie. Il en a fait une équipe férocement compétitive, récompensée par quatre titres consécutifs entre 2010 et 2013.

Mercedes avait traversé des périodes tourmentées. Autrefois propriété de Honda – qui s'était retiré de la F1 durant la crise financière de 2008 –, l'équipe avait dû réduire ses effectifs et les investissements nécessaires s'étaient avérés plus importants que prévus. Inquiet, le conseil d'administration avait nommé début 2013 Wolff et le triple champion du monde Niki Lauda pour superviser le Team Principal Ross Brawn, qui, sans surprise, était parti.

En 2014, les nouvelles réglementations liées aux unités de puissance hybrides étaient entrées en vigueur et Mercedes s'était imposée, principalement du fait de la décision préalable de Brawn d'investir rapidement dans cette nouvelle technologie de moteur.

On peut donc considérer que Wolff a hérité d'une situation gagnante, clé en main – même si, depuis, il s'est très bien débrouillé…

Cyril Abiteboul, de Renault Sport (à gauche), avec Gil de Ferran et Christian Horner, de Red Bull, lors d'une conférence de presse post-qualifications organisée par Red Bull. Les jours d'Abiteboul en tant que fournisseur de moteurs pour Red Bull étaient comptés, Horner n'étant pas satisfait des récentes performances des moteurs Renault. D'autre part, Renault avait annoncé son intention de revenir en F1 en tant qu'équipe constructeur à part entière.

Personnages clés

Où est passé Cyril ?

La valse observée chez les pilotes vaut également chez les membres clés d'une équipe – en particulier lorsque celle-ci dépend de groupes internationaux. En tant que Team Principal chez Renault, Cyril Abiteboul – l'ennemi juré de Christian Horner dans les premières saisons de *DTS* – a souvent été mis en avant dans *Drive to Survive*. Pourtant, il n'apparaît plus dans la saison 4.

L'équipe a enchaîné les propriétaires et les identités. Passée sous la houlette de Renault pour la seconde fois, elle avait failli ne pas survivre à ses précédents propriétaires. Davantage d'investissements et de temps s'avéraient nécessaires pour atteindre les ambitions affichées par le conseil d'administration.

En tant que figure emblématique, Abiteboul en a payé le prix politique. Il a quitté l'équipe entre les saisons 2020 et 2021 à l'occasion d'un remaniement plus large du conseil d'administration de Renault et d'un rebranding de l'équipe sous le nom d'Alpine (la marque sportive du constructeur automobile).

La restructuration de l'entreprise a vu la nomination de Laurent Rossi en tant que président, Davide Brivio en tant que directeur de la compétition et Marcin Budkowski, ancien membre de la FIA, au poste de directeur exécutif. Recruté par Abiteboul, Budkowski était sur la sellette, au point de quitter l'équipe en janvier 2022.

Une issue prévisible dès l'épisode 7 de la saison 4 lorsque Laurent Rossi n'hésite pas à se présenter comme le détenteur des rênes de l'écurie. Quelques plans plus tard, alors que Rossi et Brivio discutent des difficultés d'Esteban Ocon, Budkowski, exclu de leur conversation, les observe de loin. Et c'est bien sûr Rossi qui, en Hongrie, monte sur le podium pour recevoir le trophée de champion du monde des constructeurs.

« Parfois, c'est vous qui gagnez la course, et parfois, c'est la course qui vous fait gagner. » À la faveur d'un concours de circonstances hors norme, Esteban Ocon, le jeune talent d'Alpine F1, sabre le champagne sur la première marche du podium, après une victoire inattendue au Grand Prix de Hongrie 2021.

Red Bull
Red Bull
Snapdragon
RICHARD MILLE
P ZERO
Ceva
aws
Santander
MAHLE
Santander

Chapitre 2

L'ART DE LA GRANDE VITESSE

UNE HISTOIRE DE LA F1 EN 20 VOITURES

L'excellence mécanique constitue l'un des principaux attraits de la Formule 1 qui nous offre les voitures les plus rapides qui soient, les plus bruyantes, les plus pointues sur le plan technique. Au fil de l'histoire de la F1, ces véhicules ont marqué le monde de leur empreinte, et vice versa. L'essence était encore rationnée lorsque la Grande-Bretagne a accueilli le premier grand prix du Championnat du monde en 1950. Aucune voiture n'était équipée de ceintures de sécurité et l'écosystème commercial du sport automobile était encore balbutiant.

Dans ce chapitre, à travers une sélection de ces objets d'art automobile lancés à grande vitesse, nous retracerons l'odyssée de la F1 jusqu'à ce qu'elle s'impose comme l'un des plus grands spectacles télévisés au monde et devienne un business brassant des milliards de dollars. Toutes ces voitures ont été magnifiquement conçues pour exceller en leur temps, et toutes reflètent l'évolution de la F1 et de ses artisans : la valse des constructeurs, les formidables exploits nés de l'ingéniosité individuelle en matière d'ingénierie, et la fabrique des héros.

En 2020 et 2021, alors que Ferrari développait sa voiture pour la saison 2022, ses résultats ont été décevants. Des efforts pourtant récompensés lorsque la F1-75 a d'emblée fait ses preuves en compétition.

L'Alfa Romeo 158

Après la Seconde Guerre mondiale, les courses automobiles reprennent, principalement avec des voitures d'avant-guerre rescapées de la fonte (pour la fabrication de munitions). La 158 date de 1936 et avait été présentée pour la première fois par Enzo Ferrari lorsqu'il dirigeait l'équipe de course d'Alfa Romeo. Après la capitulation de l'Italie en 1943, les 158 avaient été si bien cachées pour échapper à la vigilance des occupants qu'il fallut des mois pour les retrouver, une fois la paix revenue.

Afin de réunir le plus grand nombre de compétiteurs possible, les clubs européens décident que les règles techniques de la catégorie supérieure de la course (la Formule A, rebaptisée plus tard Formule 1) autoriseront l'utilisation des moteurs suralimentés de 1,5 l – comme ceux des 158 – ainsi que des moteurs plus gros, non suralimentés. Pourtant, Alfa a bien failli ne pas participer au Championnat du monde inaugural de 1950. L'écurie s'était retirée de la course l'année précédente après la mort de ses principaux pilotes (Achille Varzi et Jean-Pierre Wimille) dans des accidents de circuit et le décès du troisième des suites d'une maladie (le comte Carlo Felice Trossi).

La perspective du nouveau Championnat du monde incite le réseau des concessionnaires italiens d'Alfa à rassembler 200 millions de lires, suffisamment pour financer la poursuite du développement et faire appel aux meilleurs pilotes de l'époque. Après une domination initiale sans partage, l'emprise d'Alfa Romeo s'affaiblit peu à peu lorsque les voitures rivales d'Enzo Ferrari arrivent en force. Moins puissants, les moteurs V12 atmosphériques de Ferrari se révèlent également moins gourmands ; fin 1951, avec un petit moteur 8 cylindres en ligne développant 420 chevaux, Alfa n'obtenait guère plus de 235 l/100 km.

Le temps a fini par avoir raison des 158 : les châssis d'origine n'étaient pas en mesure de supporter davantage de puissance et les moteurs arrivaient en fin de vie. Presque en tête du championnat, mais ne souhaitant pas ou n'ayant pas les moyens d'investir dans l'avenir de la F1, Alfa Romeo se retire du circuit.

Giuseppe Farina (au premier plan) et Luigi Fagioli (derrière) s'affrontent au volant de leurs Alfa Romeo 158. Les concessionnaires Alfa Romeo avaient incité la marque à se relancer dans le sport automobile.

L'ÉQUIPEMENT DES PILOTES

Le casque

À l'instar des pilotes de chasse, les premiers pilotes de course préféraient les casquettes en tissu et les lunettes aux casques de protection. Rendus obligatoires en 1952, ces derniers restent cependant rudimentaires, généralement fabriqués en métal doublé de liège ou de coton. En 1957, le fabricant américain Bell sort le premier casque produit en série doté d'une coque laminée et d'une doublure en mousse absorbant les chocs, le 500-TX. Onze ans plus tard arrivent les premiers casques intégraux, inspirés des courses de moto. Malgré une apparence relativement similaire, les matériaux et les technologies de construction ont progressé et les casques de protection utilisés en F1 doivent désormais répondre à des normes de sécurité très strictes. Ils résistent – littéralement – à l'épreuve des balles.

Le pilote finlandais Valtteri Bottas, coiffé d'un ancien modèle de casque datant du milieu du siècle dernier.

L'Argentin Juan Manuel Fangio, pilote mythique, lors d'un rassemblement de voitures anciennes à Long Beach (Californie), en 1976.

« IL POUVAIT SE MONTRER IMPITOYABLE, CHANGEANT D'ÉQUIPE AU PIED LEVÉ POUR ÊTRE SÛR DE PILOTER LA MEILLEURE VOITURE. »

Probablement première mégastar de la F1, Juan Manuel Fangio est âgé de presque trente-neuf ans lors du premier Championnat du monde. La guerre a privé de nombreux pilotes de cette génération de leurs plus belles années, mais pas cet Argentin à la force tranquille. Fangio avait l'étoffe d'un champion et était un véritable gentleman sur la piste comme en dehors. Son record de cinq titres mondiaux est resté invaincu durant quarante-huit ans.

La Mercedes W196

En 1954, l'arrivée d'un nouveau moteur atmosphérique (2,5 l, 750 cm^3 suralimentés) vise à faire table rase des reliques d'avant-guerre et à attirer de nouveaux constructeurs. Décisive, cette innovation incite les concurrents déjà en lice à produire de nouveaux modèles et encourage Mercedes et Lancia à se joindre au peloton.

Sur presque tous les plans, la W196 de Mercedes était à la pointe de la technique et a renouvelé les standards. Mercedes n'était pas la seule équipe à délaisser la conception originale du châssis en échelle, mais celui conçu pour la W196 (un réseau de tubes d'aluminium soudés entre eux) avait été rigoureusement testé sous contrainte pour garantir une rigidité optimale et un poids minimal.

Après avoir calculé qu'un moteur suralimenté engendrerait au moins un doublement de la consommation en carburant pour une puissance similaire, Mercedes a créé un huit cylindres en ligne non suralimenté de 2,5 l avec injection directe de carburant à haute pression et soupapes à commande desmodromique (qui se ferment mécaniquement plutôt que d'utiliser des ressorts). Jusqu'alors, l'injection de carburant avait principalement été employée pour les moteurs d'avion.

Non seulement la voiture était en tête de sa catégorie, mais Mercedes passait également un cran sur le plan des opérations effectuées sur piste. Les W196 étaient construites et entretenues avec un soin tel qu'elles tombaient rarement en panne durant les courses.

Pour les circuits dotés de longues lignes droites, Mercedes avait conçu une carrosserie spéciale, entièrement fermée afin de réduire la traînée générée par la voiture. Lors de leur première sortie, au Grand Prix de France 1954, les W196 de Juan Manuel Fangio et Karl Kling raflèrent les deux premières places, avec un tour d'avance sur Ferrari. Si ses concurrents s'empressèrent de plagier Mercedes, aucun n'atteignit les résultats escomptés : l'aérodynamique appliquée à l'automobile n'en était qu'à ses débuts.

Rares étaient les écuries capables de rivaliser avec Mercedes. C'est donc avec un certain soulagement que ses concurrents les virent se retirer de la compétition automobile à la fin de la saison 1955, à la suite d'un accident majeur survenu lors des 24 Heures du Mans et provoqué par l'une de leurs voitures, à proximité des spectateurs.

Juan Manuel Fangio devance Stirling Moss. Leurs W196, leaders de leur catégorie, étaient, sur presque tous les plans à la pointe de la technique.

La Cooper T51

Imaginez que vous puissiez acheter une Formule 1 en kit et la monter vous-même – ou, si vous n'êtes pas équipé pour, que vous puissiez convaincre le constructeur de vous laisser utiliser un coin de son atelier ou payer pour qu'il s'en charge. Dans les années 1950, ce scénario constituait bel et bien une alternative à l'achat d'une voiture clé en main auprès de Maserati, par exemple, ou à une location auprès d'Enzo Ferrari.

Imaginez maintenant que l'un de ces véhicules en kit ait réellement remporté un grand prix, révolutionnant par là même le monde de la course automobile.

Fondée dans la banlieue de Londres en 1947 par Charles Cooper et son fils John, la Cooper Car Company était l'une de ces entreprises de mécanique britanniques typiques de l'après-guerre, née dans le garage d'un bricoleur. Charles Cooper avait construit sa propre voiture pour participer à une course de Formule 3 en 500 cm3. Impressionnés par ses performances, des concurrents avaient voulu lui commander la même. En l'espace de quelques années, les Cooper concouraient au plus haut niveau.

Elles se distinguaient par l'emplacement de leur moteur, à l'arrière. Si certaines allemandes d'avant-guerre l'avaient déjà installé derrière le pilote, les F1 des années 1950 étaient, pour la plupart, équipées d'un moteur avant. Cooper avait opté pour cette approche pour des raisons pratiques et non stratégiques : pour les courses en 500 cm3, il lui avait semblé logique d'utiliser un moteur et une boîte de vitesses de moto, et de conserver la transmission par chaîne aux roues arrière. Positionner le moteur derrière le pilote, mais devant les roues arrière améliorait la tenue de route.

Lorsqu'ils passèrent de la F3 à la F1, les Cooper n'étaient toujours pas pris au sérieux par les grands constructeurs – jusqu'à ce que Stirling Moss remporte le Grand Prix d'Argentine, le premier de la saison 1958, au volant d'une Cooper T43. Si certains n'y virent qu'un coup de chance, ils ne tardèrent pas à changer d'avis.

L'année suivante, Jack Brabham remporta le Championnat du monde au volant d'une Cooper, rendant obsolètes les F1 propulsées par des moteurs avant.

Accrochez-vous ! Jack Brabham pilote d'une main experte sa Cooper T51, en première position lors du Grand Prix de Monaco de 1959.

Les pilotes de légende

Jack Brabham

Surnommé « Black Jack » en raison de sa conduite agressive, Jack Brabham a appris les ficelles du métier en participant à des courses sur piste en Australie. Mécanicien chevronné, il a été l'un des premiers pilotes à bénéficier d'une assistance technique sur une voiture de course de haut niveau.

Chez Cooper, il a commencé en bas de l'échelle, avant de contribuer au succès de l'écurie en F1. Brabham a ensuite créé sa propre structure : il est devenu le premier pilote à remporter un grand prix, puis le Championnat du monde, au volant d'une voiture à son nom.

C'est sur les pistes de terre de son pays natal que l'Australien Jack Brabham a appris les ficelles du métier.

« Il lui arrivait de sortir une roue de la piste pour projeter des graviers sur ses poursuivants. »

La Ferrari 156

Inquiètes face à la rapide montée en puissance des performances des voitures, les instances dirigeantes de la course automobile décident de modifier les règles en faisant marche arrière.
Avant le début de la saison 1961, la taille maximale des moteurs passe de 2,5 à 1,5 l. Une décision catastrophique pour les constructeurs britanniques, qui se sont battus contre ce changement et pensaient obtenir gain de cause. Aucun ne dispose alors d'un moteur prêt à l'emploi.
La situation profite à Ferrari. Deux saisons se sont écoulées depuis sa dernière victoire en Championnat du monde – Enzo Ferrari rechignant à adopter la tendance des F1 à moteur central arrière. Pour la saison 1961, l'écurie bénéficie non seulement d'un tout nouveau châssis, mais également du moteur parfait pour aller avec : un V6 à grand angle, développé à partir d'un concept déjà éprouvé sur les F2 de l'équipe.
À terme, la réduction de la taille et de la puissance des moteurs contraindra les constructeurs à améliorer les performances du châssis (pour conserver du dynamisme dans les virages) et à optimiser l'aérodynamisme (pour maximiser la vitesse en ligne droite). Mais, en cette première année, le revirement réglementaire profite à l'équipe dotée du meilleur moteur : avec ses 40 chevaux supplémentaires, Ferrari apparaît comme le favori incontestable.
Pourtant, l'écurie ne remporte pas la première course de la saison, qui revient à Stirling Moss, au volant d'une Lotus obsolète équipée, faute de mieux, d'un moteur Coventry Climax avec quatre cylindres en ligne. Le pilote s'impose au terme d'une longue bataille dans les rues de Monaco, tenant les Ferrari à distance pendant près de 3 heures de course. Par moments, Moss réalise un temps au tour presque 3 secondes inférieur à sa performance de pole position. Aujourd'hui encore, cette course reste considérée comme l'un des meilleurs grands prix de tous les temps.
Sur des circuits plus ouverts, plus rien ne pouvait arrêter Ferrari. Seule demeurait la question de savoir lequel des pilotes de Maranello gagnerait le Championnat du monde – une question tragiquement résolue avec la mort de Wolfgang von Trips dans un accident à Monza.

Superbe Ferrari 156, dite sharknose (« nez de requin »), pilotée par Phil Hill sur le circuit de Monaco, en 1962.

L'ÉQUIPEMENT DES PILOTES

La combinaison

En 1958, le champion du monde Mike Hawthorn porte une chemise et une veste agrémentées d'un nœud papillon à pois. En 1963, le port de la combinaison devient obligatoire, mais ce n'est qu'en 1975 que la F1 adopte le Nomex, un matériau ignifugé utilisé à l'origine pour les combinaisons spatiales. Le pionnier américain de la sécurité Bill Simpson et l'astronaute de la NASA Pete Conrad (troisième homme à avoir marché sur la Lune) collaborent pour fabriquer les premières combinaisons de course en Nomex. Comme les casques, les combinaisons de course doivent aujourd'hui répondre à des normes strictes – même les sous-vêtements des pilotes sont ignifuges.

« À TITRE DE DÉMONSTRATION, SIMPSON N'HÉSITAIT PAS À ENFLAMMER SA COMBINAISON. »

Jackie Stewart (à droite) aide Graham Hill à réparer sa combinaison de course « pré-Nomex ».

Cette photo, prise au Grand Prix des Pays-Bas 1964, illustre à merveille l'élégance simple de la Lotus 25. Au volant, Peter Arundell.

Tirer le maximum d'un moteur peu puissant allait devenir l'un des leitmotive de l'ère du 1,5 l. Deux axes de développement se sont naturellement imposés : réduire la surface frontale des voitures pour minimiser la résistance de l'air et maximiser la vitesse en ligne droite – surtout depuis que les moteurs centraux arrière étaient devenus la norme.

Si vous comparez la photo d'une F1 des années 1950 avec celle d'une voiture des années 1960, vous remarquerez d'emblée à quel point, sur la seconde, le pilote apparaît presque allongé, plutôt qu'assis. Ce changement a nécessité de repenser la conception même des véhicules : impossible, avec un tel angle, de fabriquer un châssis tubulaire classique (de type « spaceframe ») suffisamment rigide et petit tout en laissant assez de place au pilote.

La légende veut que Colin Chapman, ingénieur visionnaire, ait griffonné sur une serviette de table les premières esquisses de ce qui allait devenir la Lotus 25. Chapman avait commencé par ouvrir un garage sous un viaduc ferroviaire, au nord de Londres. Puis il s'était fait connaître en fabriquant des voitures de course rapides et légères, quoique souvent fragiles. Avec la Lotus 25, il allait atteindre le Saint Graal de l'ingénierie automobile : rendre un élément multifonction. Alors que la carrosserie des voitures de course traditionnelles était fixée à un châssis en acier indépendant, sur la nouvelle Lotus de Chapman, la « peau » devenait également un élément porteur de la structure. Ce concept monocoque permettait un gain de poids et une position optimale de l'assise du pilote sur le plan aérodynamique.

Alors que, sur les circuits, la Lotus 25 accumulait les pole positions et les victoires, les détenteurs de la Lotus 24 (désormais obsolète) à qui l'on avait assuré que le nouveau modèle serait identique d'un point de vue mécanique exprimaient leur frustration. Mais tel était Chapman, un homme aussi insaisissable et impitoyable en affaires qu'inspiré face à sa planche à dessin.

La Lotus 49

En 1966, lorsque les autorités de régulation autorisent le doublement de la limite de cylindrée, si les pilotes sont ravis, les constructeurs de moteurs le sont moins. Cependant, ce changement va donner naissance à une innovation qui révolutionnera à jamais le monde de la F1. Grâce au soutien du responsable des relations publiques de Ford UK, Walter Hayes, Colin Chapman (Lotus) parvient à obtenir 100 000 livres auprès de la Ford Motor Company pour financer un moteur quatre cylindres à double arbre à cames pour la F2 et un V8 de 3 l pour la F1, tous deux développés par Cosworth.

Lotus avait été à l'origine de la construction du premier châssis monocoque avec la Lotus 25. Pourtant, les modèles suivants nécessitaient toujours des renforts au niveau du moteur et de la boîte de vitesses afin d'optimiser les transferts de charges. Le V8 DFV de Cosworth est conçu pour être suffisamment rigide pour supporter de telles forces et être partie intégrante du châssis, ce qui permet un gain de poids supplémentaire.

La Type 49 entre en piste à Zandvoort aux Pays-Bas pour le troisième grand prix de la saison 1967. Entre les mains expertes de Jim Clark, son seul point faible tient à son manque de fiabilité.

La Type 49 se distingue également en affichant pour la première fois à ce niveau de compétition le sponsoring d'un acteur important de l'industrie du tabac. Depuis les débuts de la course automobile, les participants arboraient les couleurs dites nationales. L'adoption par Lotus des couleurs rouge et or du fabricant de tabac Player's déclenche donc la colère des tenants de la tradition. Lors d'une course hors championnat (à Brands Hatch, en 1968), Graham Hill reçoit l'ordre de s'arrêter le temps de recouvrir de ruban adhésif le logo apposé sur sa voiture.

Lotus commence également à ajouter des ailerons à l'avant et à l'arrière de la 49 pour gagner en vitesse dans les virages. Quoique basiques, fragiles et rapidement interdits, ils ont amorcé la transition vers les formes des voitures actuelles.

Ce cliché de la Lotus 49, en 1968, illustre bien la fragilité de ses ailerons et sa livrée controversée aux couleurs de Player's. Dans le cockpit, Graham Hill.

LES PILOTES DE LÉGENDE

Jim Clark

Clark fut le premier pilote britannique à s'exiler pour raisons fiscales liées à ses revenus. À l'époque, les pilotes étaient payés à la course et ils pouvaient apparaître au volant d'une voiture de tourisme une semaine, sur un grand prix quelques jours plus tard, voire participer aux courses périphériques à une épreuve de F1. Clark a gagné les 500 miles d'Indianapolis, avant d'être éliminé l'année suivante pour cause de problèmes mécaniques. Il aurait pu remporter plus de deux championnats du monde, et certainement davantage de courses, s'il n'avait dû faire face à des défaillances mécaniques.

L'origine exacte de son accident mortel lors d'une course de Formule 2 en Allemagne n'a jamais été totalement élucidée.

« CLARK EXCELLAIT, PEU IMPORTE LA VOITURE. »

Jim Clark sur le circuit de Nürburgring en Allemagne de l'Ouest, en 1961.

La Tyrrell 001

Ken Tyrrell était un négociant en bois, amateur de sports automobiles. Après avoir commencé en bas de l'échelle des compétitions de monoplaces, son équipe s'est finalement imposée en F1, en partenariat avec Matra (l'entreprise aérospatiale était impliquée dans la construction automobile par le biais d'une filiale). Cependant, la division française de Chrysler ayant fait l'acquisition de Matra en 1969, il devenait impossible, pour des raisons politiques, d'utiliser le moteur Ford-Cosworth V8. Matra disposait bien d'un V12, mais, après l'avoir testé, la star des pilotes Jackie Stewart avait déclaré que, même s'il sonnait bien, jamais ils ne gagneraient un Championnat du monde avec ce moteur.

Opter pour le moteur Ford impliquait de mettre fin au partenariat avec Matra – et, alors que McLaren, Brabham et Lotus profitaient largement des revenus de leurs ventes de voitures à d'autres équipes, aucun n'aurait accepté de fournir un concurrent direct. À cette époque, aux yeux du grand public, la F1 s'affirmait peu à peu comme la course automobile sportive reine, les retransmissions télévisuelles se faisaient plus fréquentes, les récompenses plus conséquentes et les pressions politiques s'intensifiaient.

Ken Tyrrell décida alors de conclure un accord secret avec un ingénieur peu connu, Derek Gardner. Sa seule expérience en F1 avait consisté à travailler sur un système de transmission à quatre roues motrices que Tyrrell avait testé avant que le concept ne soit interdit. Gardner n'ayant jamais conçu de voiture auparavant, il se fia à des photographies et à son intuition pour construire un prototype dans son garage, à partir de morceaux de bois, de grillage et de carton. On lui livra discrètement un moteur et une boîte de vitesses pour procéder aux ajustements nécessaires, et Stewart lui rendit une visite clandestine afin d'adapter le cockpit à sa taille. Une fois le design prêt, l'entreprise qui avait construit la voiture du film *Chitty Chitty Bang Bang* fournit la tôle.

Bien que la 001 n'ait pris part qu'à quelques courses, elle a servi de point de départ aux voitures suivantes grâce auxquelles Stewart a enrichi son palmarès de deux titres mondiaux – tout en démontrant que l'ingéniosité d'un seul individu pouvait l'emporter sur de généreux budgets R&D.

Bien que la Tyrrell 001 n'ait participé qu'à quelques courses, les principes utilisés par l'ingénieur Derek Gardner ont servi de point de départ aux designs ultérieurs.

DUNLOP
elf
elf
DUNLOP
elf

La Lotus 72

La forme en coin de la Lotus 72 marquait un changement radical par rapport aux voitures de course antérieures, en forme de cigare. Ici, Jochen Rindt soumet une 72 à rude épreuve lors du Grand Prix d'Espagne, en 1970.

La notion d'égalité des chances n'a pas sa place en F1. Il s'avère donc parfois nécessaire d'encadrer cette les « contrevenants ».
Bien que Lotus ait facilité l'accord ayant permis la création du V8 DFV de Ford-Cosworth, l'écurie n'a bénéficié que d'une année d'exclusivité (1967). Ensuite, la majorité de la grille disposant de moteurs de même puissance, il devenait indispensable de miser sur d'autres « avantages déloyaux ».
La forme en coin de la Type 72 de Lotus a marqué la transition entre les designs en forme de cigare largement répandus durant des décennies et les silhouettes profilées, optimisées sur le plan aérodynamique, qui allaient caractériser les F1 par la suite. Les concepteurs Colin Chapman et Maurice Phillippe abandonnèrent l'emplacement habituel des radiateurs (à l'avant de la voiture) pour les positionner latéralement, juste devant les roues arrière, autorisant un nez plus bas et plus plat. La masse se décala également vers l'arrière, ce qui permit d'améliorer la traction à une époque où la puissance du moteur surpassait la capacité d'adhérence des pneus.
La 72 recelait bien d'autres prouesses en matière d'ingénierie, notamment la suspension antiplongée et anticabrage. L'utilisation de barres de torsion plutôt que de ressorts contribuait également à une carrosserie avant amincie. Pourtant, cette accumulation de modifications s'avéra excessive. La géométrie de la suspension avait été conçue pour contrebalancer la tendance du nez à plonger au freinage et celle de l'arrière à s'abaisser à l'accélération, mais cette innovation s'était faite au détriment des « sensations » des pilotes – et des temps au tour.
Dévoilée début 1970, la Lotus 72 fut retirée du circuit pour être remaniée à la hâte et ne reprit le chemin de la piste que pour la cinquième manche du championnat, le Grand Prix des Pays-Bas. À son volant, Jochen Rindt l'emporta avec 30 secondes d'avance.
Le pilote sortit vainqueur des trois courses suivantes, avant de périr dans un accident lors des qualifications du Grand Prix d'Italie, à cause d'une rupture de l'arbre de freins avant. Rindt est le seul champion du monde qui fut sacré à titre posthume.

La Renault RS01

En 2017, l'écurie de Formule 1 Renault a célébré son quarantième anniversaire en sortant une édition limitée d'un produit dérivé pour le moins inhabituel : une bouilloire électrique jaune vif et noir, chic et anguleuse, d'une valeur de 195 dollars. Le temps avait fait son office et Renault pouvait désormais rire de ses propres bévues. Voiture révolutionnaire, la RS01 fut finalement un échec méritoire. Cruellement surnommée « la théière jaune » par la concurrence, elle avait une fâcheuse tendance à rendre l'âme dans un panache de fumée.

Lorsque la RS01 apparaît pour la première fois lors du week-end du Grand Prix de Grande-Bretagne de 1977, elle fait figure d'intruse. Il s'agit de la première monoplace à exploiter le fait que les moteurs turbo 1,5 l soient autorisés. Sur les vingt-neuf autres véhicules qui prennent le départ de la course, tous sauf cinq sont équipés du moteur V8 Ford-Cosworth. Le moteur Ferrari 12 cylindres à plat est alors le seul moteur non estampillé Ford disponible.

Avec son allure de prototype, personne ne prend la RS01 au sérieux. Le pilote Jean-Pierre Jabouille fait aussi office d'ingénieur en chef. Encombrante et très lourde, son moteur turbocompressé et ses nouveaux pneus radiaux Michelin n'ont pas été testés en compétition. Du fait de l'aspect grossier de son châssis, les autres concurrents tardent à prendre conscience du progrès majeur que représente la technologie du pneu radial, comparée aux Goodyears à plis croisés qui équipent l'ensemble de la grille.

Au cours des années suivantes, les pneus radiaux deviennent omniprésents, tout comme les moteurs turbo. Une fois résolus les problèmes de fiabilité et de maniabilité – la première version souffrait d'un retard massif à l'accélération lorsque le turbo se mettait en route – les rivaux de Renault (jusqu'alors prompts à ironiser à chaque arrêt de la RS01 dans un nuage de fumée) comprennent qu'ils se sont laissés devancer.

« Au début des années 1980, sans moteur turbo, vous aviez perdu d'avance. »

Pas de répit pour la météo lors du Grand Prix des États-Unis 1977, à Watkins Glen. La Renault RS01, objet de toutes les railleries, ne va pas tarder à abandonner en raison d'une avarie dans le circuit électrique.

La Lotus 79

Jean-Pierre Jarier au volant d'une Lotus 79 à Watkins Glen, en 1978.

En matière d'aérodynamique, la gestion du phénomène d'aspiration est cruciale. La différence de vitesse entre l'air circulant sous et au-dessus d'une aile génère une pression négative. Les ailes d'un avion aspirent celui-ci vers le haut ; les ailerons d'une voiture de course, vers le bas. Si les F1 arboraient divers profils aérodynamiques depuis 1968, la science n'en était qu'à ses débuts et l'avancée suivante allait résulter d'un heureux hasard. Au milieu des années 1970, Lotus constitue un groupe de R&D pour travailler sur une monoplace qu'ils équipent d'un gigantesque aileron. L'ingénieur Peter Wright passe des heures en soufflerie pour comparer différentes combinaisons d'ailerons et de radiateurs latéraux installés sur un modèle réduit en balsa. Un jour, à force de tests, ce dernier commence à s'affaisser, ce qui produit d'étonnants résultats. Wright comprend que l'étanchéité entre les bords des pontons et la surface de la route est la clé permettant d'augmenter l'effet de sol. Des mois de recherche seraient encore nécessaires pour identifier les meilleurs moyens d'optimiser l'étanchéité et transformer cette découverte en une voiture de course efficace : la première *wing car* (littéralement « voiture à aile ») de Lotus – la Type 78 – demeure donc inaboutie. Un grand aileron arrière s'avère indispensable pour contrebalancer les effets d'une zone de pression trop en avant. Lotus y remédie avec la Type 79, qui inaugure la nouvelle ère de l'« effet de sol ».

En 1978, Mario Andretti décroche cinq victoires au volant de la Lotus 79 et s'empare du titre de champion du monde. La voiture souffre cependant de défauts notoires : l'étroitesse du châssis provoque des faiblesses structurelles et les freins arrière ont tendance à surchauffer. Par la suite, l'effet de sol sera amélioré en l'associant à des châssis plus rigides, mais la Lotus 79 reste la *wing car* emblématique.

Les pilotes de légende

Mario Andretti

Mario Andretti est bel et bien le dernier pilote américain à avoir remporté le Championnat du monde de F1. Né en Italie, il émigre aux États-Unis avec sa famille alors qu'il est enfant. Trop jeune pour concourir, il se procure une fausse carte d'identité pour participer à sa première course automobile. Tout en faisant ses armes lors d'épreuves sur terre battue, Andretti développe des compétences qui lui permettront ensuite de décrocher des victoires en NASCAR, en IndyCar et en Championnat du monde des voitures de sport, comme en F1.

Mario Andretti célèbre sa victoire au Grand Prix des États-Unis Ouest, à Long Beach (Californie), le 3 avril 1977.

« Mario Andretti est le dernier pilote américain à avoir remporté le Championnat du monde de F1. »

La McLaren MP4/1

Aujourd'hui, toutes les monoplaces de F1 sont fabriquées en fibre de carbone. Pourtant, lorsque McLaren dessine les premiers plans d'une voiture à structure composite, l'idée semble farfelue. D'autres équipes ont déjà exploité la légèreté de la fibre de carbone pour de petits composants non structurels. Cependant, dans la mesure où l'on ignore les effets d'une collision, personne n'ose se lancer dans la construction intégrale d'une voiture à partir de ce matériau. Ne risque-t-elle pas d'exploser dans une pluie de poussière et de débris ?

John Barnard, homme décidé et designer en chef de McLaren, vient de prendre ses fonctions après avoir passé quelque temps sur les circuits américains – bien plus ouverts aux propositions audacieuses, lui semble-t-il. C'est avec une fervente détermination qu'il développe son projet de voiture en carbone. Si McLaren et ses fournisseurs bénéficient d'une expertise certaine quant aux structures métalliques pliées qui composent le châssis monocoque d'une F1 traditionnelle, ils ne sont pas équipés pour travailler avec des matériaux composites. Forts de ce constat, ils se tournent vers Hercules Aerospace, en Utah, constructeur, entre autres, des moteurs de fusée à carburant solide pour les missiles Polaris et des boosters des fusées Titan utilisées pour lancer les sondes Voyager dans l'espace lointain.

McLaren est en perte de vitesse depuis trois ans, à tel point que son principal sponsor, Marlboro, fait pression pour un changement de management – d'où l'arrivée de Barnard. Apparue lors de la troisième manche de la saison 1981, la McLaren MP4/1 décroche son premier podium quatre courses plus tard, offrant à John Watson sa première victoire, au Grand Prix de Grande-Bretagne.

Cette photo de 1981, prise derrière le mur des stands de Silverstone, offre un bel aperçu du caractère révolutionnaire de la structure en fibre de carbone de la McLaren MP4/1.

WILLANS
UNIPART

Bien que de nombreux fans de F1 considèrent la Brabham BT53 comme faisant partie des plus belles voitures de course de tous les temps, sa conception n'a répondu qu'à un seul impératif : celui de la fonctionnalité, car le temps manquait pour se préoccuper de son esthétique.

Au début des années 1980, le monde de la F1 est gangréné par les dissensions politiques. Les instances dirigeantes du sport automobile s'opposent à l'Association des constructeurs de Formule 1 (la FOCA). Les divergences se focalisent sur les questions (déjà récurrentes) financières et liées aux réglementations techniques. Le propriétaire de Brabham, Bernie Ecclestone, s'impose comme un acteur clé de la FOCA et souhaite étendre son influence sur le milieu financier de la F1.

Dans ce contexte tendu, les instances dirigeantes tentent – avec plus ou moins de succès – de limiter les gains de performance générés par le mariage du phénomène aérodynamique d'effet de sol avec des moteurs turbocompressés de plus en plus puissants. En 1982, deux pilotes succombent à des accidents tandis qu'un troisième est grièvement blessé.

Parmi les propositions pour 1983 figurent les voitures à fond plat (visant à éliminer l'effet de sol) et la réduction de la taille des réservoirs. Ecclestone garantit à son designer en chef, le créatif hors pair Gordon Murray, que l'interdiction de l'effet de sol ne passera pas. Mais, conscient de l'importance des compromis sur le long terme, Ecclestone finit par céder sur ce point. Murray, comme bon nombre de ses homologues, n'a plus qu'à déchirer les plans de la voiture prévue pour 1983.

À force de travail acharné (et de divers stimulants), Murray et sa petite équipe d'ingénieurs parviennent à sortir une nouvelle voiture en seulement six semaines. Effilée et rigide, elle est dotée d'un réservoir minuscule. Murray avait calculé que le temps gagné grâce à un véhicule allégé compenserait favorablement celui perdu lors des ravitaillements.

Nelson Piquet au volant
de la Brabham BT52 à Long Beach
(Californie), du 25 au 27 mars 1983.

La McLaren MP4/4

En 1987, les moteurs turbo de Honda ont atteint une telle supériorité que la FIA imagine rééquilibrer la donne en annonçant l'interdiction des turbos pour la saison 1989 ainsi que la limitation de la pression de suralimentation (de 4 à 2,5 bars) et de la capacité des réservoirs (de 195 à 150 litres) pour 1988. Sûr de lui, le président de la FIA, Jean-Marie Balestre, déclare qu'aucune voiture turbo ne pourra remporter la moindre course en 1988.

Pourtant, pour la dernière année des turbos et avec le soutien de son nouveau partenaire McLaren, Honda redouble d'efforts et conçoit un tout nouveau moteur conforme aux nouvelles règles.

Entièrement repensée par Steve Nichols et le nouveau directeur technique, Gordon Murray, la McLaren de 1988, la MP4/4, est un pur bijou. Avec sa faible hauteur, pour réduire la traînée, elle revendique une silhouette singulière à une époque où les moteurs turbocompressés avaient favorisé la présence d'ailerons massifs. Cette voiture est conçue dans un véritable esprit de collaboration (Honda abaisse le vilebrequin pour maximiser le potentiel du design).

Du fait de l'achèvement tardif de la MP4/4 (quelques semaines seulement avant le début de la saison), personne, parmi les équipes concurrentes, ne sait à quoi s'attendre. Parti en pole position pour le premier grand prix de la saison, au Brésil, Alain Prost ralentit dans les derniers tours pour économiser du carburant. Il l'emporte pourtant avec 10 secondes d'avance. Lors de la course suivante, à Imola, le nouveau coéquipier de Prost, Ayrton Senna, récidive. En qualifications, Senna devance son poursuivant de 3 secondes au tour et les McLaren terminent avec un tour d'avance.

La supériorité de McLaren ne se démentira qu'en Italie, lorsque Prost abandonnera et que Senna s'accrochera avec un retardataire. Restait à savoir qui, de Prost ou de Senna, serait sacré meilleur pilote de la saison – une question qui allait marquer les prémices de l'une des plus grandes rivalités entre pilotes de tous les temps.

La McLaren de 1988, la MP4/4, ici pilotée par Alain Prost, était particulièrement basse afin de réduire la traînée. Une silhouette singulière pour l'époque.

LES PILOTES DE LÉGENDE

Ayrton Senna

Le Brésil a donné naissance à bon nombre de pilotes de course incroyablement talentueux. Personnalité complexe, Senna était aussi brillant que difficile, à la fois rapide et impitoyable. Sa nature intransigeante lui a valu de se quereller avec ses coéquipiers, ses responsables et les dirigeants de la FIA.
Sa mort tragique lors du Grand Prix de Saint-Marin de 1994 a changé la course automobile à jamais.

Ayrton Senna ajuste le rétroviseur de sa Lotus 98T (1986).

« AYRTON SENNA S'IMPOSE SANS NUL DOUTE COMME LE PLUS GRAND DE TOUS. »

LA FERRARI 640

Ferrari est synonyme de glamour, d'élégance et de performances remarquables. L'écurie a également depuis toujours la réputation d'entretenir une politique interne délétère – une pratique héritée de l'époque d'Enzo Ferrari lui-même. Convaincu du pouvoir créatif des tensions, il se qualifiait d'« agitateur d'hommes ». Dans une période difficile, Enzo, frustré par les performances son équipe, recrute le designer vedette de McLaren, John Barnard. Cette décision suscite la consternation chez les fidèles de l'entreprise.

Preuve de sa détermination à collaborer avec Barnard, Enzo accepte que sa récente recrue reste vivre en Angleterre et fait installer un nouveau QG pour les activités de design à proximité de son domicile de Godalming.

Barnard ambitionne alors de remplacer la boîte de vitesse mécanique par un système de commandes électroniques : ainsi, les pilotes n'auraient plus à lâcher le volant. Mais, étonnamment, le développement se fait attendre. Barnard finit par découvrir qu'une faction dirigée par Piero, le second fils d'Enzo, détourne les ressources de Maranello pour concevoir sa propre voiture.

À la fin de l'été 1988, Enzo décède, non sans avoir exilé son propre fils dans un autre département de l'entreprise et s'être assuré que Barnard ait le champ libre. Livrée avec un an de retard, la nouvelle monoplace remporte sa première course, malgré des dysfonctionnements : les vibrations du vilebrequin ne cessent de dérégler la courroie d'alternateur et de provoquer l'arrêt de la boîte de vitesses. La transmission semi-automatique est aujourd'hui la norme en F1 et une 641 (le modèle de 1990 qui a succédé à la Ferrari 640) est exposée au Musée d'art moderne de New York.

Nigel Mansell au volant de la Ferrari 640, dont le développement a suscité bien des querelles intestines.

GOODYEAR
Agip
GOODYEAR
27
FIAT
N. MANSELL
Marlboro
Marlboro
Agip
LONGINES

La Williams FW14B

Les progrès technologiques de la Williams FW14B ont été réalisés au détriment des sensations du pilote. Nigel Mansell faisait davantage confiance à sa voiture que son coéquipier, Riccardo Patrese (ci-dessous).

Dans *Drive to Survive*, Williams apparaît en mauvaise posture. Pourtant, à une époque, l'équipe incarnait l'excellence technique et la pugnacité britannique. Avec la FW14B, Williams a su exploiter des technologies expérimentales testées puis abandonnées par d'autres. Il en a résulté une période d'intense compétitivité qui a incité la FIA à prendre de nouvelles mesures pour contrôler les performances des voitures.

La FW14 de 1991 était la première Williams à profiter de la contribution d'Adrian Newey. Ce designer visionnaire bénéficiait d'une expertise en aérodynamique et d'une expérience opérationnelle de l'ingénierie de course acquise aux côtés de Bobby Rahal, en IndyCar. Les voitures conçues par Newey se caractérisent par leur aérodynamisme radical : si les pilotes sont ravis des performances, ils désapprouvent l'exiguïté du cockpit. On retrouve la touche de Newey sur la FW14, avec son nez surélevé qui favorise le flux d'air sous la voiture, vers le diffuseur situé sous la boîte de vitesses. Son Renault V10 est également doté des dernières technologies, notamment des soupapes pneumatiques. Pour la Spec B présentée en 1992, Williams a complété l'équipement électronique (incluant déjà une boîte semi-automatique) par une suspension active et un contrôle de traction.

La suspension active de la FW14B n'a pas pour vocation de la rendre plus confortable, mais de la maintenir parfaitement à plat par rapport à la surface de la piste afin de maximiser son aérodynamisme – un système qui ne convenait pas à tous les pilotes. Il les privait en effet de toute « sensation » en matière de pilotage et les obligeait à une confiance aveugle. Nigel Mansell, avec son courage hors-norme, en était capable, à l'inverse de son coéquipier Riccardo Patrese. Malgré des résultats proches tout au long de l'année 1991, ce dernier n'a tout simplement pas été en mesure de rivaliser avec Mansell durant la saison suivante.

Des voitures comme la FW14B ont soulevé des questions d'ordre philosophique autant que sécuritaire. Les meilleurs pilotes du monde devaient-ils bénéficier d'une telle aide technologique ? La réponse, à l'époque comme aujourd'hui, est toujours non.

L'ÉQUIPEMENT DES PILOTES

Les gants

Les gants de conduite remontent aux premiers jours de l'automobile, lorsque les volants, en bois ou en métal, étaient souvent glissants. Alors à la fois pratiques et élégants, ils jouent également désormais un rôle important en matière de sécurité. Ils sont soumis aux mêmes réglementations de résistance aux flammes que le reste de la tenue des pilotes.

Bien qu'il soit possible de les personnaliser (certains préfèrent des coutures extérieures plutôt qu'intérieures), les gants de F1 doivent être équipés de capteurs biométriques qui transmettent la fréquence cardiaque du pilote et la quantité d'oxygène présente dans son sang grâce à une connexion Bluetooth sécurisée.

Nikita Mazepin ajuste ses gants avant le départ. Ils sont aujourd'hui équipés de capteurs biométriques.

La Ferrari F2004

Peut-être la plus grande F1 de tous les temps. Michael Schumacher replace sa Ferrari F2004 après un tête-à-queue lors des qualifications de Silverstone (2004).

Quelle est la plus grande F1 de tous les temps ? La F2004 de Ferrari revendique de solides arguments : avec 29 podiums, dont 15 victoires, 12 pole positions et 14 meilleurs tours en course à son actif, elle détient également le record du tour sur plusieurs circuits, dont Monza, temple de la vitesse. À son bord, Michael Schumacher a décroché son septième titre de champion du monde (un record) et il a battu son précédent record de podiums consécutifs et de victoires au cours d'une saison. En 2004, après treize courses sur dix-huit prévues, Ferrari avait déjà sécurisé le titre de champion des constructeurs. Seul Rubens Barrichello, coéquipier de Schumacher, était susceptible de lui ravir le titre mondial.

Une saison qui, si elle avait été couverte par les caméras de *Drive to Survive*, n'aurait rien eu de passionnant puisque, à l'époque, Ferrari aurait refusé la présence de caméras. Sous la direction de Jean Todt, l'écurie était devenue une implacable machine à gagner. L'arrivée de Schumacher en 1996 avait marqué le point de bascule. Déjà double champion du monde, il attirait certains des meilleurs ingénieurs du milieu et Todt protégeait l'équipe des pires excès des médias italiens et de la politique interne à l'empire Ferrari. De 2000 à 2004, Michael est resté quasi imbattable, surtout en 2004, lorsque la F2004 a brillé sans possibilité pour ses principaux concurrents de rivaliser. La voiture s'est avérée si rapide lors de son premier essai (avec près de 2 secondes de moins par tour que la version précédente) que, même chez Ferrari, la surprise a été de taille.

Bien que les fans de Ferrari se remémorent cette époque avec émotion, c'était une période de troubles politiques intenses, de sombres histoires de tricherie (on avait renoncé à une interdiction des systèmes de contrôle de traction, impossible à appliquer) et de gestion maladroite des réglementations de la part de la FIA, sous pression pour brider la supériorité de Ferrari.

LES PILOTES DE LÉGENDE

Michael Schumacher

Aussi incroyable que cela puisse paraître, il fut un temps où rares étaient ceux qui avaient entendu parler de Michael Schumacher. C'était notamment le cas d'Eddie Jordan, patron d'écurie de F1 qui, en 1991, devait rembourser ses dettes et trouver un nouveau pilote (le poste étant vacant depuis que Bertrand Gachot avait été emprisonné pour avoir aspergé un chauffeur de taxi londonien de gaz lacrymogène lors d'une altercation). Jordan avait alors opté pour le pilote de Mercedes, qui lui en offrait 150 000 dollars. La suite, nous la connaissons : en remportant sept titres mondiaux, Schumacher a redéfini les limites de ce que l'on attendait des pilotes en matière de professionnalisme, de forme physique et de vitesse.

« SCHUMACHER A REDÉFINI LES LIMITES DE CE QUE L'ON ATTENDAIT DES PILOTES. »

Michael Schumacher célèbre sa victoire au Grard Prix de Hongrie, le 15 août 2004.

vodafone
vodafone
Santander
Mobil 1
vodafone
Santander
Mobil 1
vodafone

Changement de roue avant sur la McLaren MP4-23 de Lewis Hamilton lors du Grand Prix de Malaisie 2008.

Voilà une décennie que la rivalité entre McLaren et Ferrari est en sourdine. Pourtant, à son apogée, elle était encore plus malsaine que la rancœur entre Red Bull et Mercedes Aucune F1 n'a été conçue, construite et pilotée dans des circonstances aussi détestables que ne l'a été la McLaren MP4-23. C'est à son bord que Lewis Hamilton a remporté son premier titre mondial avec un seul point d'avance – à la faveur d'un dépassement dans le dernier virage du dernier tour du dernier grand prix de l'année.

La première saison d'Hamilton, en 2007, avait été entachée par des querelles intestines avec son coéquipier, Fernando Alonso. Elle s'était soldée par le départ de celui-ci, un an seulement après avoir rejoint l'équipe – mais non sans avoir pris part à un scandale encore plus retentissant. Le designer en chef de McLaren avait obtenu des documents techniques confidentiels auprès d'un employé de Ferrari mécontent. Une fois l'affaire ébruitée s'en était suivie une succession de révélations, d'accusations, de démentis et de contre-accusations entre les deux équipes. On s'était naturellement interrogé sur le nombre de personnes qui, au sein de McLaren, étaient au fait du vol. L'équipe avait été condamnée à une amende pharaonique de 100 millions de dollars, et la conception de la voiture de 2008, la MP4-23, avait fait l'objet d'un examen minutieux pour repérer d'éventuelles preuves caractéristiques de la méthode Ferrari

Hamilton faisait déjà sensation dans les médias grâce à son histoire, son talent de pilote et au fait qu'il avait mené la bataille du championnat jusqu'au bout dès sa première saison. Désormais, les journalistes affluaient aux conférences de presse, tant il suscitait l'intérêt du grand public.

Par ailleurs, on s'interrogeait également sur la complexité aérodynamique des F1 et sur son impact négatif sur les dépassements. De nouvelles voitures, plus simples et dotées des premiers systèmes hybrides, ont été imposées en 2009. Or, de façon ironique, l'ultime ère aérodynamique de la F1 s'est achevée sur la formidable victoire, sur le fil, d'Hamilton.

> **« Aucune F1 n'a été conçue, construite et pilotée dans des circonstances aussi détestables que ne l'a été la McLaren MP4-23. »**

La Red Bull RB9

Les évolutions de règlements, même pavées de bonnes intentions, entraînent souvent des conséquences inattendues. Au cours des années 2000, la FIA, dirigée d'une main de fer par Max Mosley, multiplie les changements visant à réduire les coûts des écuries (ou à prévenir les dépenses excessives) et à faciliter les dépassements. Parmi ces mesures, citons : l'interdiction des matériaux exotiques dans les moteurs, l'obligation de conserver les mêmes moteurs et boîtes de vitesses pour deux courses au moins, la réduction de la taille des moteurs (passant des V10 de 3 l aux V8 de 2,4 l), la limitation de leur régime maximal, la standardisation des systèmes électroniques afin d'empêcher les équipes d'utiliser le contrôle de traction et l'obligation de simplifier l'aérodynamique. Les écuries les plus fortunées et dotées des meilleurs ingénieurs parviennent cependant à contourner ces restrictions pour devenir, pour ainsi dire, imbattables.

La RB9 de Red Bull est la dernière d'une lignée de voitures qui ont valu à Sebastian Vettel quatre titres de champion du monde consécutifs, de 2010 à 2013. À l'époque, Red Bull entretenait d'étroites relations avec Renault

– même si, les fans de *Drive to Survive* s'en souviennent, cela n'a pas duré. Renault avait développé une cartographie moteur particulièrement maligne qui permettait à Red Bull d'utiliser les gaz d'échappement pour augmenter les performances aérodynamiques. La FIA a tenté d'interdire cette technique, la jugeant néfaste d'un point de vue environnemental – elle consommait davantage de carburant, ensuite brûlé dans le pot d'échappement. L'intervention de la FIA ne suffit pas à arrêter Red Bull. La RB9, par exemple, profitait de l'effet Coanda tout en contournant une nouvelle réglementation liée à l'emplacement de la sortie d'échappement. La voiture générait un tel appui aérodynamique qu'elle exigeait souvent trop des pneus. Mais Red Bull s'en est bien sorti. Après plusieurs défaillances de pneus lors du Grand Prix de Grande-Bretagne, Pirelli est revenu à un mode de fabrication plus solide et Vettel a battu le record du nombre de victoires consécutives en une saison.

Mark Webber au volant de sa Red Bull RB9 au départ du Grand Prix de Belgique à Spa-Francorchamps, le 25 août 2013.

La Mercedes F1 W05

Lorsqu'il a succédé à Max Mosley à la présidence de la FIA, Jean Todt a considéré que l'un des sujets les plus urgents à traiter était celui de l'image de la F1, assimilée à un sport énergivore de plus en plus décorrélé des goûts du public et de la direction privilégiée par l'industrie automobile au sens large. Il s'agissait là d'une crise existentielle pressante. La F1 dépend en effet de l'implication des constructeurs. De plus, les grandes entreprises (telles que Renault) qui avaient misé gros sur les véhicules électriques, avaient prévenu : la F1 se devait d'être le reflet des voitures de route qu'elles fabriquaient.

2013 devait marquer le lancement d'un nouveau type de moteur, plus petit et allant vers l'électrique. Une date repoussée à 2014 du fait des multiples débats occasionnés par le moindre détail. Très discrètement, Mercedes, revenu en tant que constructeur en 2010, a concentré les efforts de sa division moteur sur la recherche des meilleures solutions et l'identification des problèmes probables.

Les parties prenantes finirent par s'accorder sur des V6 turbo hybrides 1,6 l, avec des limitations relatives au régime, à la quantité de carburant utilisable en course et globalement. Les systèmes hybrides étaient complexes, incluant la récupération de l'énergie des freins et de l'échappement d'une part et, d'autre part, la possibilité d'utiliser l'énergie récupérée pour faire tourner les turbines du turbocompresseur, réduisant ainsi le décalage caractéristique du turbo. Ce point s'est avéré particulièrement problématique, car la vitesse de rotation d'un turbo (jusqu'à 200 000 tr/min) pose d'énormes défis en matière de lubrification et de gestion de la chaleur. Mercedes les a résolus en premier, ce qui lui a donné un avantage durable tout au long des cinq premières saisons de l'ère hybride. En revanche, cela n'a pas été le cas de Renault, ce qui a provoqué le schisme avec Red Bull.

La domination de Mercedes qui s'en est suivie (la F1 W05 a remporté seize des dix-neuf courses) a mécontenté le détenteur des droits commerciaux, Bernie Ecclestone. Il a donc imposé un changement de règlement de dernière minute, doublant le nombre de points pour la finale. Le relatif silence des moteurs par rapport aux V8 déplaisait également à Ecclestone, d'où l'imposition d'autres changements par la suite.

La domination de la Mercedes F1 W05 déplaisait à Bernie Ecclestone, le patron de la F1. Ici, Lewis Hamilton à bord de sa W05 lors des qualifications du Grand Prix de Singapour, le 20 septembre 2014.

L'ÉQUIPEMENT DES PILOTES

La montre

Jackie Stewart a, le premier, compris l'importance de la montre dans l'équipement d'un pilote. Conscient de la possibilité de perdre de la peau – voire pire – si sa montre était arrachée de son poignet lors d'un accident (ce que l'on appelle le « dégantage »), il la confiait systématiquement au patron de l'équipe, Ken Tyrrell, en début de course. Stewart étant sponsorisé par Rolex, cette petite mise en scène était un ressort marketing bienvenu. D'ailleurs, plus de quarante ans après avoir pris sa retraite, Stewart était toujours présent dans le paddock pour accueillir les VIP invités par Rolex.

Depuis quelques années, équipes et pilotes ont cherché à conclure des accords avec des fabricants de montres haut de gamme et ont contourné l'interdiction d'en porter en apposant des motifs de répliques sur leurs combinaisons et leurs gants.

Jackie Stewart (à droite) et le pilote Mark Webber comparent leurs Rolex sur le Grand Prix de Chine 2004.

POSTERIORE SINISTRO
POSTERIORE DESTRO
aws
Snapdragon
VELAS
55
RICHARD MILLE
aws
Palantir
MAHLE
Santander
V-Power
Snapdragon
PIRELLI
P ZERO

En 2017, le rachat par Liberty Media des droits de la F1 marque la mise à l'écart du « grand argentier », Bernie Ecclestone, relégué au rang de président émérite. Un air de renouveau souffle au sein du paddock. À un homme resté fermement attaché au divertissement du siècle dernier succède une entreprise consciente des attentes du public d'aujourd'hui.

Liberty autorise un accès sans précédent aux productions Box to Box pour la réalisation de *Drive to Survive* (un changement de cap si radical que Mercedes et Ferrari refusent de participer à la saison 1). Le groupe réfléchit également aux moyens de transformer chaque course en événement en faisant la part belle au spectacle qui se joue sur la piste – une tentative déjà menée à de nombreuses reprises, sans succès, le plus souvent.

Liberty constitue un département entièrement composé d'ingénieurs expérimentés en F1 pour travailler sur de nouveaux règlements techniques qui permettraient aux voitures de rouler suffisamment proches pour se dépasser. Témoin des multiples changements antérieurs, le groupe a bien conscience de leurs éventuels effets collatéraux – et de l'importance de les éviter.

En 2022, la F1 prend ainsi un nouveau départ. Moins dépendantes des ailerons avant et arrière pour les performances en virage, ces voitures nouvelle génération perturbent également moins les concurrents placés derrière.

Les téléspectateurs connaissent bien les problèmes auxquels Ferrari a récemment été confronté. En 2020 et 2021, l'écurie a choisi de concentrer ses ressources sur la préparation de la saison 2022, dans l'espoir de se démarquer. Des efforts qui se sont avérés payants lorsque la F1-75 a d'emblée prouvé son potentiel.

Contrairement à Mercedes, Ferrari est parvenu à éviter certains des possibles écueils de la nouvelle formule. Leur voiture était performante et paraissait incroyable. Pourtant, après que Charles Leclerc a pris la tête du championnat des pilotes, Ferrari a, comme si souvent par le passé, été pénalisée par ses propres erreurs : les pannes de moteur et les maladresses stratégiques ont aggravé les fautes commises par les pilotes eux-mêmes.

Le spectacle a donc été au rendez-vous – conformément aux espoirs des nouveaux propriétaires de la F1.

> « Désormais, une entreprise consciente des attentes du public d'aujourd'hui était aux manettes. »

La Ferrari F1-75 de Carlos Sainz lors du Grand Prix d'Australie 2022.

ORLEN

Chapitre 3

LA SCIENCE DE LA VITESSE

LA TECHNOLOGIE EN F1

Si les pilotes sont sous les feux des projecteurs, leurs voitures et les équipes qui les conçoivent, les construisent et les entretiennent représentent les clés du succès. Fondamentalement, la F1 consiste à faire parcourir à une voiture une distance donnée en un temps aussi court que possible. Même le plus rapide des pilotes ne pourra atteindre le premier le drapeau à damier sans une équipe composée de centaines d'experts.

Le flou qui entoure l'Alfa Romeo de Zhou Guanyu (propulsée par un moteur Ferrari en 2022) traduit relativement bien les performances de la F1 moderne. Celles-ci reposent sur un vertigineux mélange de puissance, d'aérodynamique, d'électronique, de suspension et de conception assistée par ordinateur – sans oublier un pilote extrêmement talentueux.

Les débuts

Hormis la présence de voitures à quatre roues, les premières courses appelées « grand prix » auraient sans doute déconcerté les fans de *Drive to Survive*. Au cours de ces épreuves chronométrées qui se déroulaient sur des routes publiques fermées pour l'occasion, les concurrents s'élançaient à intervalles réguliers, faisant la course contre la montre autant que les uns contre les autres. D'ailleurs par « concurrents », on désignait le duo formé par le pilote et son « mécanicien de bord » qui restait à ses côtés pour intervenir en cas de (fréquents) problèmes. Au regard des voitures actuelles, ces véhicules n'étaient ni sophistiqués ni rapides.

Le premier grand prix, organisé en France en 1906 lors d'un chaud week-end d'été, fut remporté par le Hongrois Ferenc Szisz. Les participants devaient réaliser douze tours d'un parcours de 103,18 km. La Renault de Szisz, conçue sur mesure, était mue par un énorme 4 cylindres de 12 l délivrant 90 Cv,

Ferenc Szisz au volant de sa Renault spécialement conçue pour le premier grand prix, qu'il remporta en 1906.

La Bugatti 35, légère et élancée, a fait date dans les années 1920, faisant passer le design des voitures de grand prix de l'âge de pierre aux années 1930. Cette photo spectaculaire a été prise lors du Grand Prix d'Italie à Garda, en 1926.

1 200 tr/min, transmis sur les roues arrière (boîte manuelle 3 vitesses), et atteignant une vitesse maximale de 154 km/h. Si ces performances peuvent nous paraître modestes, n'oublions pas que les systèmes de freinage consistaient en une simple pédale métallique et une paire de tambours sur les roues arrière, que Szisz devait activer en tirant un levier.

Pourtant, à cette époque déjà, la victoire reposait sur des décisions stratégiques en matière de design et de gestion de la course. Pour le Grand Prix de France de 1906, le poids des véhicules ne devait pas excéder 1 tonne, une véritable contrainte au vu de la taille des moteurs. Quatre minutes (au lieu de dix) suffisaient au pilote et à son mécanicien pour changer les nouveaux pneus Michelin à jantes amovibles – au prix de roues plus lourdes cependant. Renault en avait équipé sa voiture, mais uniquement sur les roues motrices arrière, davantage sollicitées. Par précaution, l'équipe devait effectuer un changement tous les deux tours. Pour gagner en poids, ils avaient également retiré le différentiel (un système mécanique qui permet à la roue arrière extérieure de tourner plus rapidement que la roue intérieure dans les virages). Ces choix, qui auraient pu les pénaliser dans les courbes, ne posaient pas de problèmes sur un long parcours triangulaire avec seulement trois virages serrés. Szisz l'emporta avec 32 minutes d'avance sur ses concurrents, notamment grâce à une voiture plus rapide en ligne droite et des interventions mécaniques relativement brèves.

Cette charmante photo d'archives du Grand Prix de Monaco de 1931 donne une idée de la simplicité (voire de l'aspect rudimentaire) des voitures de sport et de course de l'époque. Aucun aileron, de grands pneus fins et un système électrique qui se limitait le plus souvent à une batterie, une magnéto, des bougies et un simple système d'allumage.

Au début de la Formule 1, Enzo Ferrari assistait presque toujours aux courses avec son équipe.
On le voit ici en chemise, bretelles, cravate et lunettes noires. Plus tard, avec l'arrivée du direct, il prit l'habitude de visionner les courses depuis son bureau.

Enzo Ferrari était un pilote talentueux, ce qui lui a permis de devenir un formidable directeur sportif et un atout pour Alfa Romeo, puis un constructeur automobile inégalé en Formule 1. Sur cette photo de 1927, on le découvre à bord d'une Alfa.

Les années 1950

Si les pilotes sont, à juste titre, devenus les stars du spectacle depuis l'époque de Szisz, c'est grâce aux progrès de la technologie et au travail des équipes.
Lorsque le Championnat du monde de F1 débute en 1950, les voitures roulent sur des pneus fins, à profil diagonal, l'aérodynamique est balbutiante et il n'existe aucun véritable dispositif de sécurité. La conception, la construction et la maintenance des voitures de course reposaient sur une poignée de personnes.
La compétition a donné lieu à des innovations telles que les suspensions indépendantes, les freins à disque, les moteurs à injection, les pneus radiaux, les boîtes de vitesses semi-automatiques et la construction de châssis de plus en plus élaborés. Dans les premières F1, le moteur était placé devant le pilote, et le châssis consistait en un simple cadre en forme d'échelle sur lequel on venait boulonner ou riveter la carrosserie. Le fait de déplacer le moteur derrière le pilote à la fin des années 1950 a contribué à améliorer l'équilibre des voitures et, grâce à des châssis mieux conçus, elles ont gagné en légèreté et en rapidité. Les châssis en forme d'échelle ont évolué vers des formes de type « space frame », des tubes assemblés par soudure et soigneusement testés sous contrainte. Ensuite, le principe de la monocoque a permis aux ingénieurs d'utiliser la partie externe de la voiture pour absorber les charges du châssis plutôt que d'en faire un simple élément décoratif. L'aérodynamique est également devenue un aspect décisif, capable d'accroître la vitesse dans les courbes tout en améliorant les performances en ligne droite.

Comme la Bugatti 35 qui l'a précédée, cette Mercedes-Benz W196 a posé de nouvelles bases et marqué l'histoire de la Formule 1. Elle a pris part aux saisons 1954 et 1955. Grâce à une technologie de pointe, son vrombissant moteur 2,5 l en ligne développait une puissance prodigieuse. Elle revendique un palmarès impressionnant : 9 victoires et meilleurs tours en course, ainsi que 8 pole positions pour les 12 grands prix auxquels elle a participé, et, bien sûr, les titres de champion du monde de Fangio en 1954 et 1955.

« Les pilotes sont, à juste titre, devenus les stars du spectacle. »

L'Argentin José Froilán González (ici vers 1952) surnommé « le Taureau de la Pampa » est connu pour avoir remporté la première victoire de Ferrari en F1.

Le jargon technique

Du circuit à la route

D'un point de vue technologique, la F1 représente le summum du sport automobile. Elle est à l'origine d'innovations aujourd'hui considérées comme classiques sur les véhicules de tourisme. D'ailleurs, certains des systèmes électroniques qui nous facilitent la conduite ont été interdits en F1 au motif qu'ils rendaient les voitures trop rapides ou simplifiaient trop la tâche des pilotes. Par exemple, les systèmes de freinage antiblocage, le contrôle de traction et la suspension active ont tous été conçus et perfectionnés en F1.

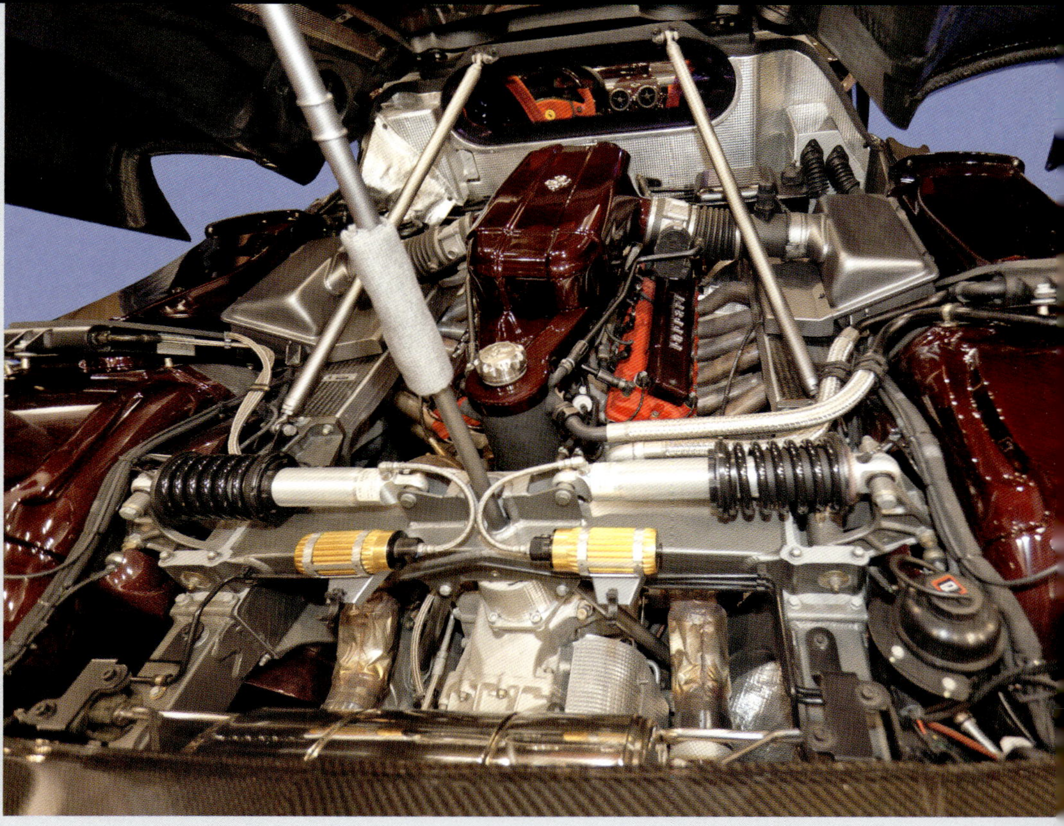

Ce compartiment moteur de la Ferrari Enzo montre à quel point la technologie de la F1 a été utilisée ou a servi de source d'inspiration. Ce V12 est très proche d'un design de F1, comme en témoignent les amortisseurs, les ressorts intérieurs et la présence de nombreux composites et métaux légers.

Les sanctuaires modernes

Aujourd'hui, une écurie de F1 de premier plan emploie plus d'un millier de personnes, dont bon nombre n'assistent même pas aux courses. Pourtant, l'époque où une ou deux personnes concevaient la voiture et où la fabrication des composants métalliques était sous-traitée avant d'être assemblés en interne est désormais révolue. La construction (des moteurs, comme des voitures chez Ferrari par exemple) est aussi centralisée que possible. Au cœur du QG de l'équipe, là où sont créés les composants, vous croiserez étonnamment peu de mains maculées de graisse. La propreté est irréprochable : les composants en composite carbone sont fabriqués en collant, couche après couche, des feuilles de fibre de carbone dans un moule qui est ensuite conditionné sous vide et cuit dans un autoclave, une sorte de four. Le nombre de feuilles et leur orientation sont précisés dès la conception. Il suffit d'une poussière ou d'une bulle d'air prise entre les couches pour rendre un composant inutilisable. Pour éviter les contaminations, les zones sensibles de l'usine sont séparées par des sas.

Lors de la construction, rien n'est laissé au hasard. Chaque composant est soumis à des tests qualité et demeure identifiable tout au long de sa vie. En effet, s'il en est rarement question, la notion de « cycle de vie » est pourtant essentielle en F1. Les composants composites s'usant avec le temps, chaque pièce a une « durée de vie » au-delà de laquelle elle est susceptible de tomber en panne et doit donc être remplacée. De même, la recherche et le développement nécessitent d'utiliser les meilleurs équipements et de faire appel à des experts. Dans les années 2000, lorsque l'argent coulait à flots en F1, les principales équipes considéraient comme impératif de disposer de deux souffleries ou plus, dont au moins une suffisamment grande pour accueillir une voiture en taille réelle. Le contrôle des coûts limite désormais les équipes à l'utilisation d'une seule soufflerie et à un modèle à

Du fait de sa taille et de son ancrage dans la F1 depuis le début de l'ère moderne, Ferrari fait partie de ces équipes capables de presque tout exécuter en interne. Si la Scuderia Ferrari collabore bien sûr avec divers fournisseurs de composants, la conception, l'aérodynamique, le châssis et la carrosserie sont réalisés à Maranello. Il n'est pas rare que certaines interfaces soient communes à celles des voitures de route de l'écurie.

Les QG des écuries de F1 sont sous étroite surveillance et abritent « l'équipe qui se cache derrière l'équipe ». Certaines construisent leurs propres moteurs, la plupart leurs propres châssis, mais, peu importe leur provenance, tous les éléments convergent vers ici. Les meilleures équipes disposent également de leurs propres souffleries. Ici, le bâtiment de Red Bull F1 Technology à Milton Keynes, en Angleterre.

À Woking, en Angleterre, le QG
de Mercedes F1 et l'usine de production
de voitures de sport mêlent modernité
et avant-gardisme architectural, aspect
fonctionnel et futurisme – un lac est même
soigneusement intégré à l'ensemble.
Quelque 1 000 concepteurs, ingénieurs et
autres membres du personnel de course et
de production occupent cet espace surprenant.

échelle 60 % maximum. Les vitesses simulables et le nombre de « runs » autorisés sont également encadrés. Au cours de la dernière décennie, du fait de l'augmentation de la puissance de calcul des ordinateurs, la recherche « virtuelle » a pris une place importante, mais elle demeure soumise au règlement de la F1 et a ses limites.

Pour accélérer le passage de leurs designs en soufflerie, les équipes utilisent des machines de prototypage rapide de taille industrielle, une forme d'impression 3D à grande échelle. Des faisceaux laser balaient une cuve contenant une substance réactive (sous forme de liquide ou de poudre) qui se solidifie au point focal du laser, créant ainsi une réplique exacte du design en trois dimensions. Mais le temps autorisé dans les tunnels étant limité, il devient crucial d'effectuer des choix pertinents dès le stade de la conception et du design.

En outre, passer de la théorie à la réalité s'impose comme un autre défi majeur. Rien ne garantit que la voiture se comportera sur la piste comme dans la soufflerie ou sur ordinateur. Les équipes évoquent souvent la « corrélation », c'est-à-dire la proximité entre les performances réelles et les résultats issus de la R&D. Il est aussi question de « compréhension de la voiture » lorsque l'équipe est convaincue du potentiel de performances sans avoir encore trouvé le moyen de les mettre en œuvre.

Du fait du contrôle des coûts, les pilotes ont également moins d'occasions pour tester leurs voitures en conditions réelles. Jusque dans les années 2000, les équipes, autorisées à effectuer des essais n'importe où, n'importe quand, louaient souvent des circuits pour rouler à huis clos. Ferrari possède toujours sa piste d'essai privée, Fiorano, en face de l'usine de Maranello, mais le règlement lui interdit d'y faire rouler ses F1 en compétition pour la saison. Aujourd'hui, en général, seuls deux essais de pré-saison ouverts au public sont organisés, et les équipes ne peuvent filmer qu'un certain nombre de jours.

Par conséquent, les pilotes de F1 passent désormais autant de temps retranchés dans un bureau avec leurs ingénieurs que sur la piste pendant un week-end de grand prix. Les caméras de *Drive to Survive* ont souvent accès à ces débriefings, mais, pour tenir le spectateur en haleine, la série délaisse généralement ces discussions techniques au profit de scènes de tension dramatique, lorsque la situation dérape sur la piste.

L'étrange structure de tiges, de dispositifs et de capteurs fixée à cette Red Bull recueille principalement des informations sur l'aérodynamique de la voiture. Et ce, sur autant de surfaces que possible, car chaque molécule d'air qui touche le véhicule est prise en compte et optimisée.

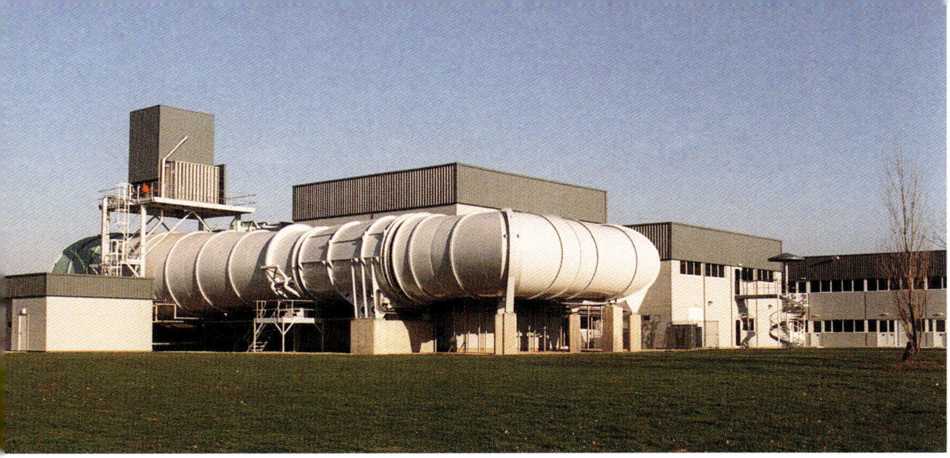

En début de conception, les tests aérodynamiques sont souvent réalisés à l'aide de maquettes de F1 dans des souffleries à échelle réduite. Ensuite, les tests se déroulent dans des souffleries avec des modèles grandeur nature et, enfin, avec la véritable voiture, entièrement équipée. Ici, une vue partielle de la soufflerie de l'usine Williams F1 dans l'Oxfordshire, en Angleterre.

L'AÉRODYNAMIQUE : VOLER AU RAS DU SOL

Si, dans les années 1930 et 1950, certaines voitures de grand prix disposaient d'une carrosserie profilée avec des roues partiellement protégées, il faut attendre la fin des années 1970 pour que l'aérodynamique prenne son essor, lorsque les équipes commencent à mener des recherches en soufflerie. On voit d'abord apparaître des ailerons, en 1968, afin de plaquer les voitures au sol. Considérés, à juste titre comme dangereux, ces profils aérodynamiques rudimentaires généralement fixés directement sur le porte moyeux, sont rapidement interdits.

Des dispositifs aérodynamiques plus solides sur le plan structurel, notamment des ailerons, sont mis au point lorsque les ingénieurs comprennent peu à peu comment exploiter le flux d'air et que les voitures de F1 délaissent les formes tubulaires pour des profils en coin. Le concept d'aileron haut perché a connu une brève résurgence en 1997 lorsque l'équipe Tyrrell a installé des ailerons surélevés sur les flancs de ses voitures. Ils n'ont pas tardé à être bannis.

Mais quel est le phénomène scientifique sous-jacent aux dispositifs aérodynamiques des F1 ? L'aileron fonctionne comme une aile d'avion ou d'oiseau, mais à l'envers : on crée un appui vers le bas plutôt qu'une portance. Il s'agit d'un phénomène d'aspiration : les ailerons sont inclinés de telle sorte que l'air passant en dessous s'écoule plus rapidement que l'air circulant au-dessus, ce qui engendre une différence de pression. La voiture est donc aspirée vers le sol par la pression d'air plus faible en dessous, ce qui lui permet de prendre les virages plus rapidement.

L'aileron joue également un autre rôle. Les composants aérodynamiques de la voiture doivent fonctionner en harmonie avec ceux situés en aval, ce que les aérodynamiciens appellent les « structures d'écoulement du flux d'air ». En pratique, cela signifie que l'aileron exerce une influence considérable sur l'aérodynamisme global de la voiture. En plus

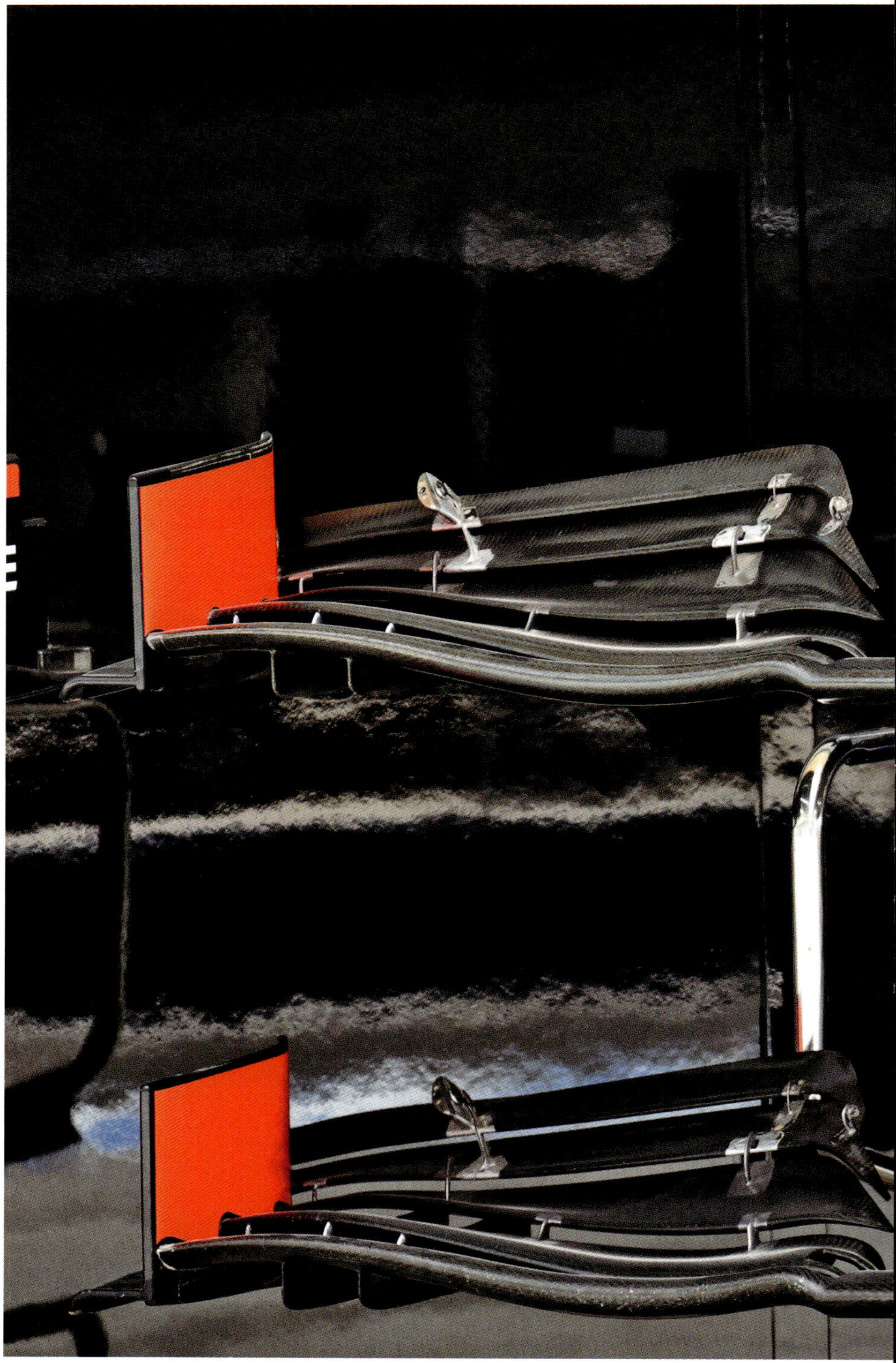

La technologie et la conception des ailerons évoluent chaque année en fonction des apprentissages, des avancées technologiques et des changements de règlements. Les premiers dispositifs aérodynamiques étaient des ailerons à surface unique, ou à élément unique, tandis qu'aujourd'hui il n'est pas rare qu'ils se composent de cinq éléments horizontaux par côté.

RCi BANK AND SERVICES
PIRELLI
Microsoft
MAPFRE
Castrol
Bell & Ross
A521
ALPINE
RCi BANK AND SERVICES
PIRELLI
Microsoft
MAPFRE
Castrol
Bell & Ross
A521
ALPINE

de générer une force d'appui, il oriente l'air autour des roues avant, minimisant ainsi l'impact négatif global des turbulences dégagées dans le sillage. L'aileron avant maintient également un flux d'air régulier et constant sous la voiture. Auparavant, le diffuseur (des tunnels sculptés sous le plancher entre les roues arrière) contribuait largement à la force d'appui en accélérant le flux d'air et en créant une pression plus faible sous la voiture.

À la fin des années 1970, parvenir à générer des zones de basse pression sous la voiture est devenu une obsession pour les concepteurs de F1.

Bien que banni en 1983 (toutes les voitures ayant l'obligation d'avoir un fond plat), l'« effet de sol » a fait son retour 39 ans plus tard, alors que le monde de la F1 cherchait des solutions pour améliorer les dépassements. Afin de limiter la sensibilité des monoplaces suiveuses aux turbulences de celles qui les précèdent, le règlement a été modifié pour simplifier les ailerons avant et arrière et amoindrir leur influence. Comme souvent, certaines équipes ont su s'adapter mieux que d'autres.

Le flux d'air sous le plancher est moins sensible aux turbulences, ce qui permet aux voitures de rouler plus proches les unes des autres. En 2022, la nouvelle formule impose des tunnels jumeaux sous le plancher, qui accélèrent le flux d'air et contribuent à générer une pression négative.

Les premiers ailerons et autres dispositifs aérodynamiques datent des années 1960. Les ailerons sont utiles à deux titres : ils augmentent l'adhérence dans les virages grâce au phénomène de déportance et à la résistance au vent ou grâce à la traînée aérodynamique – si le premier effet est positif, le second l'est moins. Colin Chapman, la tête pensante de Lotus, a découvert que l'écoulement de l'air sous la voiture pouvait être utilisé pour l'aspirer vers le sol avec moins de traînée que si l'on ajoutait des ailerons, toujours plus grands. Nul doute que ce surprenant principe d'« effet de sol » a fait ses preuves sur cette Lotus 79, pilotée par Mario Andretti, champion du monde en 1978.

LE JARGON TECHNIQUE

La traînée – et les moyens de la réduire

L'air que nous respirons est composé d'une multitude de particules. En les traversant, une F1 génère un phénomène de friction : la traînée aérodynamique. Si n'importe quelle surface de la monoplace peut y contribuer, les ailerons jouent un rôle majeur.
La traînée influence la vitesse et le rendement énergétique, c'est pourquoi les designers cherchent constamment à la réduire. Les voitures sont également équipées d'un système de réduction de la traînée (DRS), entré en vigueur en 2011 pour faciliter les dépassements. Sur des zones spécifiques du circuit (les lignes droites, principalement), les pilotes peuvent activer le DRS, qui déclenche l'ouverture d'un volet sur l'aileron arrière.
Le DRS est né d'un dispositif mis au point par McLaren en 2010 et rapidement interdit. Les ingénieurs avaient découvert qu'en acheminant l'air à travers la monoplace via un réseau de tubes et en le dirigeant sur la surface d'aspiration de l'aileron arrière, ils pouvaient réduire la déportance et la traînée, gagnant ainsi 9 km/h, voire plus en ligne droite. Le pilote activait le système en pressant son genou contre le tube qui passait dans le cockpit. Comme quoi, en F1, il n'est pas uniquement question de high-tech !

Cette ouverture dans l'aileron arrière de la Mercedes-AMG est due à l'activation du DRS. Ce procédé permet de réduire la traînée aérodynamique et de gagner plusieurs kilomètres à l'heure en vitesse de pointe, selon le tracé du circuit. Cette technologie n'est pas du goût de tous, mais elle a multiplié (et sans doute sécurisé) les dépassements.

Les moteurs de F1 : la face cachée

« Il lui faut un pilote et un moteur. » Cette remarque sarcastique de Cyril Abiteboul à propos de Christian Horner (en présence de ce dernier) reste un moment marquant de la saison 1 de *Drive to Survive*. Après avoir remporté quatre championnats du monde ensemble, Red Bull et Renault ont vécu un divorce difficile en 2018. Renault a débauché le pilote Red Bull Daniel Ricciardo et cessé de fournir des moteurs à l'équipe.

Longtemps, construire des voitures pour le Championnat du monde et fabriquer des moteurs ont été des disciplines distinctes. Sur les 10 équipes ayant remporté le plus de courses, 7 construisaient uniquement leurs voitures et achetaient leurs moteurs à des constructeurs. Dans les années 1960 et 1970, le Ford-Cosworth V8 a démocratisé la F1 : il était puissant, abordable et fiable. Et surtout, Ford, qui ne gérait aucune équipe, n'entrait pas en concurrence avec ses propres clients.

Au cours des dernières années, le contexte concurrentiel a évolué. Construire un moteur de course nécessite de faire appel à une technologie extrêmement pointue, d'autant plus avec l'arrivée de la motorisation hybride – une réglementation censée attirer de nouveaux entrants, car plus en phase avec les voitures de

Plusieurs générations de moteurs Ferrari V12 ont régné sur la Formule 1. Au fil du temps et des progrès technologiques, ils ont largement évolué, de la petite cylindrée au couple monstre des grosses cylindrées. Il y eut des moteurs avec quatre cylindres, des V6, des V8, des V10, des V16 même, puis des turbos et des turbos hybrides. Pourtant, les V12 de Maranello, avec leur bruit magnifique, occupent encore une place de choix dans le livre des records et dans le cœur des fans de F1.

Le fabuleux DACT Cosworth V8 3 l a contribué à démocratiser l'offre en matière de moteurs de F1 à partir de la fin des années 1960. Largement disponible et relativement abordable, il n'était soumis à aucune exclusivité. En plus d'être extrêmement robuste, sa courbe de puissance était énorme et large. En version atmosphérique et, plus tard, en version turbo, il a été utilisé pendant des décennies en F1 (et en USAC et CART par les IndyCars), remportant d'innombrables courses et championnats.

> **« Dans l'histoire de la F1, on ne compte plus le nombre d'équipes qui se sont épuisées à force de tenter de tout faire elles-mêmes.**

tourisme modernes. En réalité, seuls Mercedes, Ferrari, Renault et Honda sont concernés. L'approvisionnement en moteurs a pris une dimension politique. Ayant commencé plus tôt et dû résoudre rapidement des difficultés technologiques majeures, Mercedes a dominé les premières années de l'ère hybride. Ferrari et Renault ont été pris de court. Quant à Honda, l'équipe a d'abord accusé un retard important, s'étant engagée dans cette voie beaucoup plus tardivement, en 2015.

En théorie, passer d'un fournisseur de moteur à un autre devrait être simple, car le nombre et l'emplacement des points d'attache qui relient le moteur au châssis sont inscrits dans le règlement. Il n'en reste pas moins que plus les designers de la voiture et du moteur collaborent en amont, plus ils seront à même d'aboutir à des compromis pertinents en matière d'ingénierie. Les deux premières années de l'ère hybride ont fait figure d'exceptions : Mercedes disposait d'une avance telle que ses clients battaient régulièrement des voitures comme Ferrari.

La puissance et la fiabilité du moteur hybride de Renault ne donnaient pas satisfaction à Red Bull. La décision de Renault de revenir en tant qu'« équipe d'usine » en 2016 a servi de déclencheur. Trop performante sur le circuit pour que Mercedes ou Ferrari acceptent de lui fournir des moteurs, l'écurie Red Bull ne pouvait plus se tourner que vers Honda.

Si *Drive to Survive* ne l'aborde pas, la situation était cependant moins périlleuse pour Red Bull qu'il n'y paraît. Toro Rosso, leur « équipe B », avait en effet utilisé des moteurs Honda lors de la saison 2018. Abiteboul avait beau jubiler, Horner savait que Honda arrivait à point nommé – et tenait à collaborer de façon étroite avec l'une des meilleures équipes du paddock.

Honda équipe depuis longtemps les F1 en moteurs. On se souvient du bruit envoûtant du fabuleux V12 qui a équipé certaines de ses voitures. Ce V6 turbo hybride date de 2018.

Le jargon technique

Les carburants

Les voitures de F1 ont, par périodes, roulé avec de surprenants mélanges. Si la négociation d'accords d'approvisionnement avec des compagnies pétrolières est intéressante d'un point de vue financier pour les équipes, sécuriser un tel partenaire peut également représenter un avantage concurrentiel significatif. Et ce, même si depuis 1992 il est obligatoire d'utiliser un carburant standard. En 2022, la F1 est passée à l'E10, qui contient 10 % d'éthanol, avec un indice d'octane de 87 minimum.

Pour un coup de pub en 2011, Ferrari avait comparé son carburant de course Shell V Power avec la version disponible à la pompe. Au volant d'une F1, Fernando Alonso avait effectué quelques tours de circuit avec un carburant, puis l'autre. Il n'avait perdu que 9/10e de seconde avec la version de station-service. Rien d'étonnant, compte tenu de la rigueur de la réglementation. Mais, pour prévenir toute tricherie, la FIA réalise régulièrement des contrôles inopinés, vérifiant que le carburant présent dans les voitures est conforme aux échantillons fournis au préalable par les équipes. Lors des transferts d'un réservoir à l'autre, les risques de contamination sont élevés, c'est pourquoi les fournisseurs des principales équipes (Shell, ExxonMobil et Petronas) installent des laboratoires sur le circuit pour garantir la conformité de leur carburant. En outre, les contrôles d'échantillons d'huile pour vérifier la présence de contaminants (notamment de microscopiques copeaux de métal) peuvent être révélateurs de problèmes à venir. Les équipes n'ayant désormais droit qu'à trois moteurs et quatre boîtes de vitesses par pilote et par saison – avec des pénalités strictes en cas de non-respect de ces limites –, une alerte précoce peut permettre de prévenir une défaillance préjudiciable.

Au gré du temps, les F1 ont fonctionné avec des mélanges – souvent surprenants et très volatils – de carburants exotiques, d'essences et d'additifs dont la composition chimique était souvent proche du kérosène. Chaque équipe surveille et sécurise ses réserves de carburant pour empêcher toute tentative de vol de ses mélanges tenus secrets, mais également pour éviter les sabotages. Si Shell est un fournisseur reconnu de carburant et de lubrifiants, d'autres acteurs sont apparus. Depuis 1992, il est obligatoire d'utiliser un carburant proche de l'essence ordinaire, et depuis 2002, la F1 est passée à l'E10, un carburant à l'indice d'octane de 87 mélangé à 10 % d'éthanol. La F1 s'est engagée à introduire un biocarburant 100 % durable d'ici 2026.

À l'ère de la motorisation hybride, les ingénieurs préfèrent parler d'« unités de puissance » (ou Power Units, blocs propulseurs) plutôt que de « moteurs », du fait du nombre impressionnant de systèmes électriques qui viennent enrichir les V6 turbo. Ces évolutions ont nécessité un changement de culture conséquent. Jusqu'en 2014, les F1 faisaient (vraiment) du bruit. C'est toujours le cas, mais dans une moindre mesure. Lorsque les V10 3 l des années 1990 montaient en régime, ils rugissaient. Lors de l'introduction des V8 2,6 l (visant à mieux maîtriser les performances), les motoristes ont répondu en augmentant le régime. En 2006, le V8 de Cosworth est devenu le premier moteur de course à franchir les 20 000 tr/min.
Malgré les controverses alors suscitées par ce changement, le régime des turbos hybrides 1,6 l d'aujourd'hui est moins élevé et les moteurs sont beaucoup moins nocifs pour l'audition. Alors que la vieille garde regrette encore le temps des V10 et des V8, la F1 séduit désormais un public familial, comme en témoignent les records de vente de billets et d'audience à la télévision.
La F1 se veut également à la pointe en matière de rendement énergétique. Cette volonté – qui a de quoi surprendre puisque la course automobile implique depuis toujours une forte consommation d'essence – constitue un aspect essentiel du règlement. En effet, les concurrents ne peuvent prendre le départ avec plus de 110 kg de carburant. Chercher à gagner de la vitesse en utilisant le moins de carburant possible a donné lieu d'incroyables progrès technologiques. En soi, brûler de l'essence s'avère un processus inefficace : en moyenne, le moteur d'une voiture de tourisme ne convertit qu'environ 20 % de l'énergie potentielle du carburant en énergie cinétique (en faisant monter et descendre les pistons). Les unités de puissance des F1 atteignent actuellement un rendement thermique de 52 % en brûlant le carburant de façon plus efficace, en recyclant l'énergie expulsée par les pots d'échappement, ainsi qu'en récupérant celle générée lors du freinage.

Un mécanicien Williams examine l'unité de puissance de la FW44 au Grand Prix d'Italie 2022. Bien que l'ancienne garde déplore la disparition des V10 et V8, les moteurs turbo hybrides d'aujourd'hui sont plus respectueux de l'environnement – et de nos oreilles.

BREMONT

Le jargon technique

Les composants d'une unité de puissance

Moteur à combustion interne (ICE)
L'élément de base du groupe motopropulseur est l'ICE, un V6 turbo de 1 à 6 l avec injection directe de carburant, qui brûle de l'essence E10 contenant 10 % d'éthanol afin de réduire les émissions de CO_2.

Turbocompresseur
Le turbo consiste essentiellement en une paire de turbines reliées par un arbre mécanique. Les gaz d'échappement chauds sont dirigés vers l'une des turbines et la font tourner. Celle située à l'autre extrémité comprime alors l'air aspiré dans les chambres de combustion du moteur, ce qui permet de générer une explosion plus importante. Les gaz d'échappement pouvant être considérés comme une perte d'énergie, un processus de recyclage se met en place.

Unité moteur-générateur-chaleur (MGU-H)
Il s'agit de la composante hybride que la plupart des constructeurs peinent à maîtriser. Connectée au turbocompresseur, elle utilise le mouvement de la turbine pour générer de l'électricité, qui peut être envoyée aux batteries ou au MGU-K. Le MGU-H peut également faire tourner les turbines lui-même, éliminant ainsi le « turbo lag » (ou inertie du turbo), c'est-à-dire le délai entre l'appui sur l'accélérateur et la réponse des turbines. Cela implique qu'il soit en mesure de tourner jusqu'à 100 000 tr/min – un énorme défi en matière de fiabilité.

Moto-générateur cinétique (MGU-K)
Connecté aux roues arrière, ce générateur récupère l'énergie cinétique née du mouvement des roues arrière et peut l'envoyer aux batteries. Il intervient le plus souvent lors du freinage (ou lorsque l'on dit aux pilotes de « lever le pied et de passer en roue libre » – ou « lift and coast »). Cela explique pourquoi les F1 modernes sont équipées de la technologie « drive-by-wire » sur les roues arrière plutôt que d'un système de freinage hydraulique : l'électronique module la pression appliquée aux plaquettes de frein selon que le MGU-K récupère de l'énergie ou non. Sans ce dispositif, l'effet de freinage supplémentaire engendré lorsque le MGU-K entre en action pourrait provoquer le blocage des roues arrière. Le MGU-K peut également rediriger l'énergie vers les roues arrière pour gagner en accélération.

Nelson Piquet inspecte le moteur turbo de sa BMW lors du Grand Prix du Portugal, en 1985.

Batterie (ou ES pour Energy Store)
Bien que la réglementation autorise différentes possibilités (y compris les supercondensateurs et les volants d'inertie), pour des raisons de fiabilité et de conditionnement, tous les constructeurs de moteurs de F1 utilisent des batteries lithium-ion conventionnelles pour stocker l'énergie récupérée grâce aux systèmes hybrides. Le règlement stipule la quantité et le moment où l'énergie peut être récupérée ou redéployée. L'ES ne peut récolter que 2 mJ d'énergie par tour auprès du MGU-K, mais il peut lui en restituer 4 mJ par tour (l'équivalent de 161 chevaux-vapeur). Les quantités qu'il envoie vers et depuis le MGU-H ne sont pas limitées. Les restrictions relatives à la quantité de puissance pouvant être délivrée aux roues arrière jouent un rôle majeur dans la stratégie d'attaque ou de défense d'un pilote. La quantité utilisée et le choix du moment peuvent être déterminants dans le succès d'un dépassement – le sien ou celui d'un autre pilote.

Vue des freins arrière de la Ferrari, capturée lors du Grand Prix de Grande-Bretagne 2022. Connecté aux roues arrière, le MGU-K récupère l'énergie cinétique de leur mouvement et peut également leur en restituer pour intensifier l'accélération.

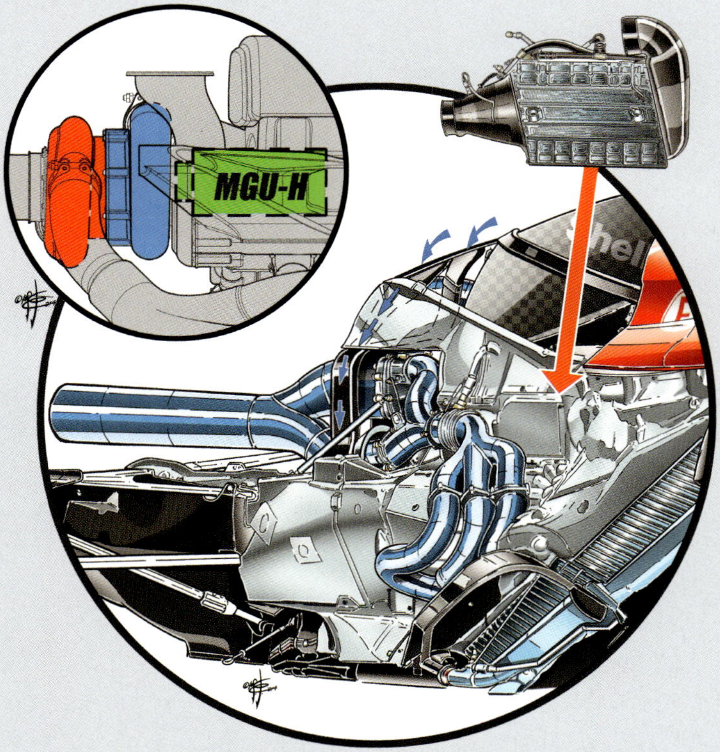

Ce schéma de l'unité de puissance de la Ferrari 059/3 fait apparaître l'Unité moteur-générateur-chaleur (MGU-H) qui utilise le mouvement de la turbine pour produire de l'électricité.

22
FLEXBOX
FASHION
fantom

Chapitre 4

CONSTRUIRE ET SÉDUIRE

LES CIRCUITS

L'un des principaux atouts de *Drive to Survive* réside dans le fait de suivre la transhumance de la F1, qui visite cinq continents en une saison. Les pistes servent de scènes à ce grand spectacle. Mais qu'ils soient construits spécialement ou aménagés dans les rues des villes, tous les circuits ne se valent pas – et, avec des voitures capables d'atteindre des vitesses supérieures à 320 km/h, assurer la sécurité de chacun s'avère primordial.

La conception et la construction du circuit international de Bahreïn ont été complexes, principalement du fait de l'environnement désertique et chaud. Ici, Tsunoda Yuki et sa Scuderia AlphaTauri AT03 à l'œuvre lors du Grand Prix de Bahreïn 2022.

L'EMPLACEMENT AVANT TOUT

Auparavant, les pilotes devaient s'attendre à toutes sortes d'obstacles surprenants. Poteaux électriques, maisons, murs, fossés, lignes de tramway, spectateurs, chiens errants et voitures circulant en sens inverse : autant de dangers potentiels à la folle époque des grands prix, lorsque les épreuves se déroulaient généralement sur des tronçons de route fermés à la circulation.

Désormais, l'essentiel de la saison a lieu sur des installations permanentes (ou semi-permanentes). Les circuits construits à cet effet disposent de surfaces et d'infrastructures adaptées, les spectateurs profitent (en général) d'une bonne visibilité, installés en toute sécurité, et les voitures peuvent quitter la piste sans percuter aussitôt un rail. En contrepartie, la plupart sont situés à l'extérieur des villes et difficiles d'accès sans voiture. Ils ne séduisent donc pas nécessairement les nouveaux adeptes de F1.

Les circuits urbains tels que ceux de Monaco, d'Azerbaïdjan, de Singapour et de Las Vegas sont souvent plus dangereux en raison de l'étroitesse des rues et de la proximité des barrières. En revanche, leur emplacement attire potentiellement davantage de spectateurs locaux qui, sinon, renonceraient peut-être à faire le déplacement.

Le circuit urbain du Grand Prix de Monaco est l'un des plus séduisants et offre sans nul doute le cadre le plus romantique du calendrier de la F1. Il a subi des évolutions majeures depuis son origine, principalement en matière de barrières de sécurité, de modifications de virages et d'éclairage de son tunnel emblématique. Ce circuit reste néanmoins délicat, surtout au regard de la vitesse des voitures actuelles. S'il était soumis aujourd'hui à l'approbation des instances dirigeantes et des pilotes de Formule 1, il est peu probable qu'il compterait parmi les nouveaux circuits officiels. Les pilotes qui ont su le maîtriser – à l'instar de Graham Hill, vainqueur à de multiples reprises, et de l'incomparable Ayrton Senna – ont acquis le statut de « GOAT », ou meilleur pilote de tous les temps. Ce magnifique cliché a été pris lors du premier tour de la course de 1977.

Monaco regorge d'obstacles uniques en leur genre. Malgré l'élargissement du circuit au fil des ans et l'ajout de nouvelles mesures de sécurité, de nombreux écueils potentiels demeurent : rampes et voitures de sécurité, bâtiments, etc.
Si le cadre est magnifique, conduire habilement et rapidement s'avère difficile – sans parler des dépassements.

La Peraltada, Autódromo Hermanos Rodríguez

À l'origine, la Peraltada consistait en une longue courbe, à la surface irrégulière et très rapide, qui entraînait les pilotes dans un « banking » à 180°. La piste était devenue célèbre lors d'une épreuve d'essai hors championnat, avant même que le Mexique ne rejoigne le calendrier de la F1. Ricardo Rodríguez, héros local, y avait trouvé la mort en perdant le contrôle de sa Lotus à la suite d'une défaillance de suspension.

Ce virage emblématique a longtemps été conservé malgré plusieurs incidents très médiatisés, notamment le tonneau d'Ayrton Senna dans sa McLaren pendant les essais du GP du Mexique en 1991. Cette course avait également donné lieu à l'un des dépassements les plus spectaculaires de tous les temps, lorsque Nigel Mansell avait doublé Gerhard Berger par l'extérieur de la Peraltada – un exploit d'un courage infini, au vu de la vitesse de course. Malheureusement, la zone de dégagement était devenue trop étroite pour les voitures modernes et impossible à étendre. Désormais, le tracé inclut le stadium de baseball Foro Sol, construit juste dans la courbe lorsque le GP du Mexique était en pause, entre 1992 et 2015.

« Ayrton Senna y a fait un tonneau à bord de sa McLaren pendant les essais du GP du Mexique de 1991. »

Rapide et difficile, le circuit du Grand Prix du Mexique offre un spectacle haut en couleur, à l'image de ces spectateurs enthousiastes – d'autant plus lorsqu'un pilote mexicain ou latino-américain s'impose dans le peloton ou sur le podium.

CONCEVOIR ET CONSTRUIRE UN CIRCUIT

Quel que soit l'environnement, concevoir et construire un circuit nécessite une indéniable expertise technique et scientifique. Pour répondre aux exigences du Grade 1 de la FIA (et accueillir un grand prix), les circuits permanents doivent être larges d'au moins 12 mètres, les lignes droites ne peuvent excéder 2 kilomètres, les emplacements sur la grille de départ doivent être espacés de 8 mètres et l'entrée des stands mesurer au moins 12 mètres de large. Le circuit doit également disposer d'un centre médical permanent. Il n'est pas rare d'entendre les pilotes se plaindre à la radio auprès de leur ingénieur de course de l'aspect bosselé du circuit, mais cela reste relatif : le Grade 1 autorise des variations

Spa-Francorchamps, aussi célèbre qu'historique, est réputé pour les vitesses de pointe vertigineuses qu'il permet d'atteindre et pour ses dénivelés impressionnants.

Immense, le célèbre Hungaroring est réputé pour ses longs virages en arc de cercle. Il est principalement entouré de terres agricoles.

Les tronçons célèbres

Le raidillon de l'Eau Rouge, Spa-Francorchamps

Autrefois considéré comme l'un des virages les plus difficiles de la F1 (et aujourd'hui raillé par certains internautes qui lui reprochent d'être « trop facile »), voilà un enchaînement qui ne vous laissera pas indifférent lorsque vous découvrirez les images des caméras embarquées des monoplaces de Racing Point, dont les roues s'entrechoquent dans l'épisode 6 de la saison 1 de *Drive to Survive*. La route d'origine plongeait, puis tournait en un virage serré gauche-droite lorsqu'elle atteignait le fond de la vallée et franchissait la rivière éponyme (sa teneur en minéraux lui conférant une teinte rougeâtre). S'ensuit une côte très raide et un virage à gauche sur une montée à l'aveugle – le Raidillon, qui a coûté la vie au pilote de Formule 2 Anthoine Hubert en 2019 (*DTS*, S.2, Ép.6). Protégée par une barrière de pneus, une pente abrupte et boisée court vers le fond de la vallée. D'importants travaux ont permis d'agrandir la zone de dégagement.

L'Eau Rouge est un virage en S qui précède une brève et rapide montée célèbre dans l'histoire de la F1 pour ses dépassements, accidents et autres moments inoubliables. Ce parcours magnifique et mythique est cerné par une forêt verdoyante.

Les tronçons célèbres

Le 130R, Suzuka

Avec l'Eau Rouge, ce rapide virage à gauche demeure l'un des moments de bravoure emblématiques de la F1, et ce, malgré les modifications qui l'ont rendu moins dangereux. Si l'adhérence et la déportance permettent aux monoplaces modernes d'y atteindre des vitesses vertigineuses, il fut un temps où, si la situation dérapait, l'issue était rarement heureuse : en cas de perte de contrôle, aucun pilote ne pouvait espérer regagner la piste.
Allan McNish (Toyota) l'a prouvé lors des qualifications du GP du Japon en 2002 : en sortie de virage, sa voiture a glissé sur la bordure, surtout au niveau des roues arrière ; instinctivement, le pilote a tenté de corriger sa trajectoire en braquant. L'arrière de la voiture a dérapé de nouveau et, après avoir tourné sur elle-même, la monoplace a été propulsée en arrière contre la barrière à 280 km/h, soit un impact de 69 G. Elle a achevé sa course de l'autre côté de la barrière, coupée en deux.

Sortie de piste d'Alan McNish au niveau du 130R, lors du Grand Prix du Japon 2002. On distingue les traces de sa trajectoire sur l'asphalte.

« Il fut un temps où, si la situation dérapait, elle se terminait rarement bien. »

de surface ne dépassant pas 0,2 cm vers le haut ou vers le bas sur une distance de 33 cm. Les architectes des circuits dessinent des tracés avec une précision exprimée en centimètres et procèdent à de minutieuses simulations afin de déterminer les vitesses atteignables et l'emplacement des barrières. Trente-six versions du tracé du circuit du Grand Prix de Miami ont été nécessaires avant que l'ensemble des parties prenantes ne s'accordent. Parmi les ultimes revirements, citons la délocalisation de l'ensemble des stands à l'extérieur plutôt qu'à l'intérieur de la piste.
Ensuite, le moindre détail est soupesé. Quelle surface consacrer aux zones de dégagement ? Comment organiser les flux de spectateurs ? Pour quel type de barrières opter ? Où les placer ? Où positionner les postes des commissaires de piste et les points d'accès ? Les simulations permettent de prévoir les lignes de visibilité des pilotes, dont dépend l'emplacement des postes des commissaires de piste et des panneaux de signalisation. Elles permettent également d'anticiper les zones de danger potentiel avec risque de crash – et de prévoir les moyens d'extraire rapidement les voitures accidentées.
Les calculs de vitesse déterminent la nature des barrières à privilégier selon les zones du circuit. L'Armco est conçu pour se déformer progressivement de manière à répartir l'énergie de l'impact sur toute la longueur des panneaux métalliques. Mais ce matériau n'est pas toujours adapté et n'est utilisé que dans les zones jugées à faible risque – ce qui n'empêche pas les accidents (comme celui de Romain Grosjean dans l'épisode 9 de la saison 3 de *DTS*, « Ça chauffe ! »). Les barrières constituées d'un empilement de pneus reliés par des sangles absorbent mieux les chocs, mais une voiture qui les heurte risque de s'y enfoncer, compliquant la sortie du pilote. Les barrières Tecpro sont donc privilégiées pour les zones à haut risque et à grande vitesse. Ce système de blocs de polyéthylène creux reliés entre eux est plus rapide à installer et à réparer qu'une pile de pneus. Il faut également prévoir des clôtures et grillages qui protègent le personnel de piste et les spectateurs sans obstruer leur visibilité. Après une série d'accidents sur les courses d'IndyCar, la FIA a décidé de définir des normes spécifiques relatives à leur résistance aux impacts. Le test consiste à propulser contre la clôture un véhicule lancé à 120 km/h, selon un angle d'impact de 20°. Pour être approuvée, la barrière ne doit pas dévier ou se déplacer de plus de 3 mètres.

Scène d'incendie lors de l'accident du pilote Haas, Romain Grosjean, juste après le départ du Grand Prix de Bahreïn 2020. Malgré ces premières images terrifiantes, Grosjean n'a souffert que de brûlures au second degré, au niveau des mains. Les médecins embarqués dans la safety car (une Mercedes) se sont immédiatement rendus sur place pour vérifier l'état de santé du pilote. Depuis, ce dernier a quitté la F1 et rejoint l'IndyCar, en Amérique du Nord.

LES ACCIDENTS QUI ONT CHANGÉ LA F1

Jackie Stewart, Spa-Francorchamps, 1966

Alerte et énergique, malgré ses 80 ans, Sir Jackie Stewart apparaît régulièrement à l'arrière-plan des épisodes de *Drive to Survive*. Vous le reconnaîtrez à sa célèbre casquette en tartan. Il a pourtant bien failli ne jamais atteindre cet âge respectable.

À l'époque où il roulait, le circuit de Spa-Francorchamps était plus long (14 km) et empruntait encore des routes publiques, fermées à la circulation. Ce jour-là, la course commence par temps sec, mais, dès le premier tour, la pluie fait rage. Sept pilotes effectuent alors des tête-à-queue, dont Stewart. Sa voiture part en aquaplaning à près de 270 km/h et percute un poteau électrique, puis une maison en bord de route, et enfin un bâtiment de ferme. Le pilote américain Bob Bondurant doit emprunter des outils dans une ferme voisine pour retirer le volant de la voiture de Stewart et extraire ce dernier de l'habitacle. Durant les 25 minutes nécessaires à cette opération, aucun commissaire de course ne lui porte secours. Couvert de carburant, il souffre de brûlures chimiques, entre autres. Lorsqu'il reprend connaissance dans le bâtiment qui fait office de poste de secours, il est allongé sur une civière posée à même le sol jonché de poussière et de mégots. Le seul médecin présent est un gynécologue. On embarque Stewart à bord d'une ambulance pour rejoindre l'hôpital de Liège, mais l'ambulancier se perd en chemin.

Sans surprise, Stewart décide par la suite de faire des questions de sécurité son cheval de bataille. Il se heurte pourtant à la franche opposition de ceux qui cherchent à protéger leurs intérêts : les officiels refusent d'investir dans des installations de meilleure qualité et certains pilotes vont jusqu'à le traiter de lâche. Mais Stewart incite ses confrères à réclamer des infrastructures médicales adéquates, des commissaires plus nombreux et mieux formés, des barrières plus solides et des circuits plus sûrs. Ils organisent même un boycott des grands prix de Spa et de Nürburgring (en Allemagne), au grand dam de certains. Ils finissent néanmoins par obtenir gain de cause.

Très tôt, le jeune John Young Stewart (avant qu'il ne soit anobli) a défendu l'amélioration des conditions de sécurité des courses. Il a milité pour la refonte des conditions de course dangereuses, l'utilisation de casques intégraux et la nécessité de disposer de personnels, d'équipements et d'installations médicaux de pointe sur les circuits. En tant que pilote, il a également été couronné de succès avec 27 victoires en grand prix et 3 titres de champion du monde.

L'« Écossais volant » est, comme déjà dans les années 1960, un homme sympathique. Reconnaissable entre tous avec ses cheveux longs et ses accessoires en tartan, Sir Jackie Stewart assiste à presque toutes les courses de F1. Respecté pour son expérience et ses points de vue, l'octogénaire fait souvent office de consultant.

La mêlée du premier tour a été tragique à bien des égards. Le carambolage et l'incendie ont coûté la vie au pilote de Lotus, Ronnie Peterson. Son coéquipier Mario Andretti a remporté le championnat ce jour-là, mais a perdu l'un de ses meilleurs amis. Seul point positif s'il en est, cet accident qui aurait pu être évité a contribué à la mise en place d'un tour 1 révisé, d'un drapeau vert et de procédures de départ visant à minimiser l'effet accordéon et ses conséquences dramatiques.

Les accidents qui ont changé la F1

Ronnie Peterson, Monza, 1978

Le premier virage de Monza a toujours été une zone sensible, surtout pendant le premier tour. En 1978, le coup d'envoi est donné avant que les dernières voitures ne se soient immobilisées sur la grille. S'ensuit une collision entre plusieurs monoplaces dès le premier virage. Riccardo Patrese est injustement tenu pour responsable (et banni pour une course). Ronnie Peterson (Lotus), deuxième au championnat des pilotes, souffre de multiples fractures aux jambes, mais les médecins affirment que ses jours ne sont pas en danger. Il décède pourtant quelques heures plus tard à l'hôpital à la suite d'une insuffisance rénale due à une embolie.
De toute évidence, il est alors indispensable de revoir les procédures de départ. Sans plus attendre, le professeur Sid Watkins devient délégué médical permanent de la F1. Sa mission consiste notamment, lors du départ, à suivre le peloton dans une voiture médicale afin de pouvoir intervenir rapidement en cas d'accident survenant dans le premier tour. Le premier sur place est aujourd'hui le Dr Ian Roberts, qui assure également une veille permanente tout au long des courses et est automatiquement appelé lorsque les capteurs d'une voiture enregistrent un fort impact (les pilotes sont également équipés d'accéléromètres auriculaires). La voiture médicale est un véhicule sophistiqué (actuellement une Mercedes ou une Aston Martin) avec à son bord tout l'équipement nécessaire pour stabiliser l'état d'un pilote sur la piste avant de l'emmener au pôle médical. Pour garantir une arrivée rapide, c'est Alan Van der Merwe, champion britannique de Formule 3 en 2003, qui est au volant.
Dans l'épisode « Ça chauffe ! », les producteurs de *Drive to Survive* multiplient les angles de vue et les ralentis pour nous faire revivre l'accident de Romain Grosjean, lors du Grand Prix de Bahreïn 2020 où la voiture médicale était sur place en 10 secondes.

Aston Martin est l'actuel co-sponsor/fournisseur des voitures de sécurité et des voitures médicales de la F1. Celle-ci est le SUV haute-performance de la marque, le « Shooting Brake » appelé « DBX ».

Circuits de légende : qu'est-ce qu'un bon circuit ?

Alors que les introductions consacrées aux circuits de Silverstone (Angleterre) et de Spa-Francorchamps (Belgique) sont particulièrement soignées dans *Drive to Survive*, d'autres n'ont droit qu'à une simple légende. À l'instar de *DTS*, les pilotes et le personnel de la F1 sont particulièrement friands de certains circuits, tandis que d'autres sont considérés comme fastidieux. Soit leurs tracés sont banals et peu stimulants, soit la logistique pour s'y rendre relève du cauchemar.

Quelles sont alors les caractéristiques des « circuits de pilotes » ? Leur tracé est souvent né de manière presque organique, à partir de routes ou de spécificités topographiques locales préexistantes. Celui de Silverstone a évolué, mais, pour l'essentiel, il suit toujours la ligne des routes périphériques héritées de l'ancien aérodrome. Les pilotes adorent pouvoir y prendre de la vitesse et profiter de la fluidité des virages, notamment au niveau de l'enchaînement Maggotts-Becketts-Chapel (qui a inspiré le circuit des Amériques, au Texas, également apprécié des concurrents). Spa est aujourd'hui un circuit permanent, mais il consistait auparavant en une succession de routes publiques reliées entre elles, grimpant puis plongeant à travers les collines des Ardennes, contournant rivières et forêts.

Suzuka, au Japon, a d'abord été construit pour servir de circuit d'essai à Honda. L'objectif était donc d'enchaîner autant de types de virages différents que possible dans une zone restreinte, à flanc de colline. D'où son tracé unique en forme de huit et ses virages qui mettent véritablement à l'épreuve le comportement des châssis et l'adresse des pilotes. Quant aux chicanes de Monza, si elles sont un mal nécessaire (pour des raisons de sécurité), la vitesse pure et la passion qui anime la foule font du circuit italien le favori des pilotes. Il est certes impossible de doubler dans les rues étroites de Monaco, mais l'habileté requise pour frôler les barrières à grande vitesse sans les heurter, tour après tour, rend l'exercice difficile, mais satisfaisant.

À l'inverse, malgré le temps et l'argent investis, nombreux sont les tracés épurés qui n'ont pas fonctionné. Ainsi, en dépit du spectacle ambiant (le format jour-nuit, le son et lumière à la mi-course et, enfin, le feu d'artifice), le Grand Prix d'Abou Dhabi séduit rarement en raison du tracé du circuit de Yas Marina, à la fois trop complexe et trop ennuyeux. Les modifications effectuées avant la course de 2021 n'ont guère contribué à l'améliorer. Le circuit, ainsi que d'autres conçus par Hermann Tilke, est souvent critiqué pour ses trop nombreux virages lents et en dévers, positionnés pour favoriser les erreurs de pilotage. Or, il est rare que les pilotes de F1 commettent des erreurs.

Parmi les circuits que le monde de la F1 sera ravi de ne plus fréquenter, on trouve l'Autodrome de Sotchi, en Russie. Son faible niveau d'adhérence, son tracé dicté par les bâtiments existants (ceux du site des Jeux olympiques d'hiver de 2014) et son accès difficile n'avaient décidément rien pour plaire.

Le circuit de Sotchi, en Russie, est intégré au complexe sportif construit pour les Jeux olympiques de 2014. À ce jour, le Grand Prix de Russie est suspendu du calendrier de la F1 en raison de la guerre menée par la Russie contre l'Ukraine.

Les accidents qui ont changé la F1

Jules Bianchi, Suzuka, 2014

On ne compte plus le nombre de courses disputées sur circuit détrempé à Suzuka. Certaines ont entraîné des accidents tragiques, des décès et bouleversé des championnats.

L'accident qui fut fatal à Jules Bianchi a soulevé des questions délicates – et donné lieu à des réponses que beaucoup ne voulaient pas entendre.
Ce jour-là, la pluie qui s'était abattue sur le Grand Prix du Japon (dont le départ avait déjà retardé) avait rendu la piste glissante et considérablement réduit la visibilité. Au 43e tour, Bianchi a perdu le contrôle de sa voiture dans la courbe Dunlop et percuté un engin de levage qui prenait en charge un autre véhicule parti en tête-à-queue. Il décèdera des suites de son choc frontal avec la dépanneuse, après neuf mois de coma.
Se posent alors de multiples questions. Pourquoi maintenir le départ à 15 heures alors qu'au Japon, au mois d'octobre, les risques de mauvais temps et de faible luminosité étaient élevés ? Pourquoi la voiture de sécurité n'a-t-elle pas été déployée pendant que l'autre monoplace était dégagée ? Pourquoi a-t-il fallu aussi longtemps à la FIA pour comprendre la gravité de l'accident ? Pourquoi Bianchi a-t-il été conduit à l'hôpital par la route plutôt que par hélicoptère ?
Il ressort de l'enquête officielle que Bianchi n'a pas suffisamment ralenti au passage des drapeaux jaunes signalant le premier accident et qu'il a tenté d'activer un système de sécurité (FailSafe) qui coupe le moteur lorsque le pilote appuie simultanément sur le frein et l'accélérateur. Sans succès, car le système de freinage électronique de sa voiture n'était pas compatible avec cette procédure. Quant à l'hélicoptère médicalisé, il était inutilisable du fait des conditions météorologiques.
Il en a résulté un renforcement des procédures liées au déploiement des drapeaux jaunes et le développement du système de voiture de sécurité virtuelle (VSC), désormais utilisé pour imposer un rythme ralenti à toutes les monoplaces de façon quasi instantanée. Le drainage de la piste a également été amélioré, de nouvelles règles encadrent le décalage des horaires de course, et les grands prix sont désormais interrompus si l'hélicoptère médicalisé ne peut pas décoller. Les panneaux lumineux colorés qui bordent la piste et relaient l'état du drapeau ont été améliorés. Leur visibilité demeure cependant parfois sujette à caution : le fait que Lewis Hamilton n'en ait pas vu un lui a valu une pénalité et a facilité la victoire de Pierre Gasly lors du Grand Prix d'Italie 2020 (*DTS*, S.3, Ép.6).
De plus, bien que l'enquête ait conclu qu'aucune structure d'impact n'aurait pu résister à l'accident, le drame de Bianchi a accéléré le développement du Halo, dispositif de sécurité de protection du cockpit introduit en 2017.

Le système de voiture de sécurité virtuelle (VSC) est l'un des nombreux changements mis en place après l'accident de Jules Bianchi à Suzuka. Les tableaux d'affichage électronique ont également été améliorés pour une meilleure visibilité.

Quand les circuits tombent dans l'oubli

Si vous passez par la région Grand Est, ne manquez pas de visiter l'une des attractions les moins connues des touristes. À l'ouest de la ville, sur la route D27 menant au village de Gueux, vous découvrirez un spectacle remarquable : une tribune, des stands et une tour de panneautage restaurés à l'identique par des locaux passionnés. Ce sont les seuls vestiges (ou presque) du circuit de Reims-Gueux, qui accueillait à une époque le Grand Prix de France et où Mercedes décrocha sa première victoire en Championnat du monde.

En effectuant le tour du circuit, il vous faudra faire preuve d'un peu d'imagination. Un rond-point se dresse en lieu et place d'un virage autrefois dangereusement rapide. Le grand Juan Manuel Fangio racontait qu'il jetait un coup d'œil au champ de maïs situé sur sa droite pour évaluer la vitesse et la direction du vent avant de s'engager, pied sur l'accélérateur.

Les anciens sites de grands prix sont rarement aussi bien traités. Poursuivez vers le nord sur 200 km et vous arriverez en Belgique, dans une région célèbre pour avoir été le théâtre de la bataille de Waterloo. Non loin, à l'ancien emplacement du circuit mal-aimé de Nivelles-Baulers s'étend une zone industrielle. Deux Grands Prix de Belgique s'y déroulèrent dans les années 1970, lorsque Spa-Francorchamps était considéré comme trop dangereux. Si certains sites, comme Brands Hatch en Angleterre, ont été retirés du calendrier de la F1 du fait de voitures devenues trop rapides pour eux, la plupart continuent d'accueillir d'autres catégories de courses. Les circuits construits plus récemment ont moins bien résisté, vaincus par les forces conjuguées de la politique et des affaires – une conséquence de la place prise par le « business » durant les dernières décennies. L'exploitation des droits commerciaux de la F1 par diverses entités au fil des ans a favorisé les dettes et les organisateurs de courses ont ressenti une certaine pression, souvent évincés par des grands prix financés par les nations désireuses de gagner en visibilité. À une époque, le maintien de Silverstone était constamment remis en cause et même Spa est en passe de devenir un classique intermittent, qui entre et sort du calendrier pour laisser place à d'autres circuits. L'organisateur de Nivelles-Baulers a fait faillite sans même pouvoir financer l'achèvement du tracé du circuit initialement prévu. Après avoir alterné

Le circuit international de Buddh, qui a accueilli des courses de F1 de 2011 à 2013, est un véritable gâchis. Malheureusement, des questions d'ordre financier et politique le privent actuellement d'une place dans le calendrier de la F1. Une absence regrettable, car il s'agit d'une installation moderne et bien conçue qui semble appréciée des pilotes.

Le circuit historique
de Reims-Gueux n'a pas été utilisé pour la Formule 1 ou les courses automobiles professionnelles depuis les années 1960. Cependant, les stands d'origine et la tribune principale ont été conservés et la partie du circuit correspondant à la principale ligne droite est ouverte et accessible au public gratuitement. Si la patine des installations révèle leur âge, la peinture, les logos et bannières ont été fidèlement restaurés. Si vous passez par là, sur le chemin du Mans, n'hésitez pas à faire un tour dans ce formidable monument de l'histoire de la course automobile.

entre les circuits routiers de Reims et de Rouen jusqu'au début des années 1960, le Grand Prix de France a fait le tour du pays. Il est passé par plusieurs sites dont les récentes constructions avaient été dictées par les politiques régionales. Citons notamment un projet financé par le magnat du pastis Paul Ricard (qui a donné son nom au circuit) et celui de Dijon-Prenois, soutenu par le sportif aux multiples casquettes et héros local, François Chambelland. Le GP de France a finalement posé ses valises à Magny-Cours, dans le centre, non pas en raison des qualités propres au circuit, mais parce que ce dernier était situé dans la région d'origine du président de l'époque.

Le taux d'abandon a été particulièrement élevé parmi les circuits modernes construits par certains pays dans le seul but d'attirer la F1. On raconte que Bernie Ecclestone, l'ancien patron de la F1, a eu une révélation dans les années 1980 lorsqu'il a conclu l'accord ajoutant le Grand Prix d'Australie au calendrier. Après des années à traiter avec des organisateurs locaux peu fiables et sujets à des faillites malvenues, il aurait particulièrement apprécié le jour où un représentant du gouvernement australien a fait le déplacement jusqu'à Londres pour lui remettre en personne le chèque de règlement. Mais c'est Sepang, en Malaisie, qui a inspiré ce que l'on pourrait appeler les « projets de prestige national à gros budget » : des circuits neufs subventionnés par les gouvernements, à l'architecture fantaisiste, qui font leur effet à la télévision.

Sepang a été utilisé de 1999 à 2017. Officiellement, l'arrêt de la F1 a été motivé par l'augmentation du budget nécessaire à l'accueil de la course et par la diminution des ventes de billets. Le circuit n'a jamais attiré les foules, car le prix des places était trop élevé pour les locaux. C'est plutôt la volonté politique d'assumer les dépenses permanentes qui a fait défaut, les bénéfices ne suffisant pas à couvrir les coûts. Néanmoins, Sepang demeure exploité, contrairement à d'autres circuits financés par les largesses des collectivités locales. Certains, en Corée et en Inde, n'ont accueilli que quelques événements. Ils sont maintenant presque inactifs, utilisés uniquement pour des manifestations de petite ampleur, comme des journées d'essais.

Sur le plan visuel et architectural, Sepang était une installation intéressante, notamment du fait de ses tribunes en forme de coquillages qui protégeaient aussi bien du soleil que de la pluie.

PETRONAS
PETRONAS
PETRONAS
JCB

NIKKI BEACH
fairmont monte carlo
monte carlo
PIRELLI
V-Power
BIOPTRON
zepter
ROLEX
montecarlocasino.c
UBS
UBS UBS UBS
Fairmont
MONTE CARLO

Les tronçons célèbres

L'épingle du Grand Hôtel, Monaco

Serré au point que les F1 modernes sont spécialement conçues pour l'emprunter, ce virage en épingle a porté bien des noms au fil des ans – sans nécessairement faire écho aux changements d'appellation et de propriétaire de l'hôtel qui le surplombe. Au niveau de l'ancienne gare de Monaco, les conducteurs de train faisaient souvent des haltes impromptues sur le pont pour permettre aux passagers d'apercevoir l'action qui se déroulait en contrebas. Du fait de la petite superficie de Monaco, les axes routiers ont très peu évolué dans cette zone depuis que la Principauté a accueilli son premier Grand Prix, en 1929. Même le virage est en pente, de sorte que, pendant une fraction de seconde, seule une roue est en contact avec la route.

Ce cliché du célèbre virage en épingle de Monaco (réalisé avec un objectif ultra grand-angle) met en valeur la difficulté, l'ambiance et le romantisme du grand prix historique de la Principauté. Les monoplaces dévalent la colline avant le virage et l'abordent à une vitesse phénoménale. Au fil du temps, de nombreux pilotes ont tenté (avec plus ou moins de bonheur) un freinage tardif pour effectuer un dépassement juste avant d'attaquer ce virage.

LES TRONÇONS CÉLÈBRES

Maggotts-Becketts-Chapel, Silverstone

Pour faire simple, disons qu'il n'existe pas de meilleur endroit au monde pour prendre conscience de la vitesse à laquelle une F1 peut enchaîner avec fluidité une succession de courbes lorsque ses pneus adhèrent parfaitement et qu'elle est plaquée au sol. Maggotts-Becketts-Chapel s'impose comme une section décisive en termes de temps au tour. C'est pourquoi les pilotes ne ménagent pas leurs efforts lors des qualifications. La rapidité des changements de direction est stupéfiante, et ce, même si les monoplaces modernes sont beaucoup plus lourdes que leurs prédécesseurs.

« IL N'EXISTE PAS DE MEILLEUR ENDROIT AU MONDE POUR PRENDRE CONSCIENCE DE LA VITESSE À LAQUELLE PEUT ROULER UNE F1. »

Silverstone est l'un des sites les plus mythiques de la Formule 1. Large, tentaculaire et cerné par la forêt, c'est un circuit extrêmement rapide.

Les tronçons célèbres

La Piscine, Monaco

Reconfigurée à maintes reprises pour des raisons de sécurité, la section qui contourne la Piscine du port de Monaco n'en demeure pas moins l'une des plus complexes du circuit pourtant déjà réputé comme le plus difficile de la F1. Si les pilotes frôlent en permanence les barrières qui bordent les routes étroites, les changements de direction exigent ici une précision absolue. Les virages se négocient au millimètre près.

Le pilote italien Alex Caffi l'a d'ailleurs démontré en 1991 lorsque sa Footwork FA12 a heurté de plein fouet puis longé les barrières au cours des essais. L'équipe de télévision n'a pas filmé la scène (retardataire, Caffi les intéressait peu), de sorte que l'unique séquence disponible est une vidéo en noir et blanc de faible résolution provenant d'une caméra de sécurité placée en bord de piste. Lorsque sa monoplace s'est immobilisée, Caffi était assis dans la seule partie demeurée intacte, le moteur toujours en place.

Aujourd'hui, cette section a été sécurisée, mais elle reste ardue, surtout au niveau du dernier droite-gauche, lorsque les pilotes dépassent la Piscine. Le risque est grand d'accrocher le rail à l'intérieur du virage à droite et de casser une roue ou de briser les suspensions. C'est à cause des difficultés rencontrées dans cette section que Max Verstappen n'a pas pu prendre part aux qualifications en 2018 et que Charles Leclerc a déclaré forfait en 2021, malgré sa pole position (*DTS*, S.4, Ép.3).

Pourquoi tous les circuits de F1 ne contournent-ils pas une piscine olympique ? Tout simplement parce que Monaco est unique.
Remarquez, en arrière-plan, la profusion de yachts de milliardaires, les luxueux appartements et la mer Méditerranée.
Les passages de la piste et les courbes qui longent cette piscine à l'eau turquoise sont rapides et piégeux.

PETRONAS
SYNTIUM
PETRONAS
SYNTIUM

Lewis Hamilton devance les Red Bulls lors du Grand Prix d'Abou Dhabi 2021. Une course qui donnera lieu à une controverse et anéantira les espoirs du pilote de remporter un huitième titre de champion du monde.

Chapitre 5

LES RÈGLEMENTS

RÉGULER LA F1

Les règles de la Formule 1 sont nécessairement complexes et parfois obscures : avec des voitures extrêmement performantes circulant à grande vitesse, sécurité et équité sont de rigueur. Il faut également composer avec dix équipes très motivées, constituées d'ingénieurs brillants et innovants, qui n'hésiteront pas à contourner – voire à enfreindre – ces règles. D'ailleurs, face à l'ampleur des enjeux, l'organe directeur de la F1, la Fédération internationale de l'automobile (FIA), a jugé préférable d'établir deux règlements distincts.

Les deux règlements

Le règlement technique de la F1 compte 158 pages et stipule les dimensions et le poids des voitures, les courbes et les lignes droites autorisées, les équipements obligatoires, l'emplacement de certains éléments et les forces auxquelles les différentes zones des voitures doivent pouvoir résister lors des tests. On y trouve des définitions et des mesures précises, mais également des généralités aussi vagues qu'obscures. Par exemple : « Construction dangereuse : les commissaires de course peuvent exclure tout véhicule dont la construction est jugée dangereuse. »

Quant au règlement sportif (qui ne cesse de s'étoffer), il comptait 117 pages fin 2022. Tous les Team Managers doivent l'avoir en tête. Il couvre l'ensemble des sujets, des conditions générales (qui prévoient désormais que les équipes doivent obtenir une accréditation environnementale auprès de la FIA) aux procédures opérationnelles relatives aux événements, en passant par la manière de déposer une réclamation et de faire appel d'une décision, la gestion des incidents sur le circuit et la durée des courses. Il traite également des obligations qui incombent à chaque pilote, depuis la licence qu'il doit détenir jusqu'au moment où il doit se présenter pour l'hymne national, ce qu'il est censé faire pendant une course et où il doit se rendre à son issue.

Les deux règlements sont sujets à modification en cours de saison, et de nombreux points ont évolué au fil du temps. À titre d'exemple, citons cette mention, simple en apparence, introduite en 1994 : « Le pilote doit conduire seul, sans aide ni assistance. » Elle allait de pair avec l'interdiction des systèmes d'aide à la conduite tels que le freinage antiblocage, le contrôle de traction et les systèmes de Launch control ainsi que la suspension active. Ces dernières années, cette règle a permis de justifier la répression (de courte durée) des instructions que les ingénieurs transmettaient par radio aux pilotes.

Les règlements de la F1 doivent également évoluer pour faire face aux défis soulevés par les tentatives de contournement qu'ils suscitent. Ils se veulent donc précis sur les sujets identifiés comme problématiques et plus souples dans les domaines susceptibles de nécessiter une réaction rapide. Il est rare qu'une année s'écoule sans que la FIA ne publie au moins une « directive technique » clarifiant ou modifiant les règles en vigueur.

La FIA est également chargée de superviser le bon déroulement des courses. Elle emploie à cet effet un nombre non négligeable d'officiels

La FIA organise souvent des conférences de presse pour annoncer et discuter des modifications et des mises à jour des règles et des mandats techniques. De gauche à droite : Ross Brawn (concepteur, constructeur et ingénieur), Nikolas Tombazis (responsable technique du département des monoplaces pour la FIA) et Chase Carey, président de Formula One Group.

Ross Brawn
Nikolas Tombazis
Chase Carey
FORMULA 1 EMIRATES UNITED STATES GRAND PRIX
F1 2019

tels que le délégué technique Jo Bauer ou le responsable technique du département des monoplaces, Nikolas Tombazis (ancien ingénieur aérodynamique senior chez Benetton, McLaren et Ferrari). Niels Wittiche occupe actuellement le poste de directeur de course, après l'éviction de Michael Masi à la suite de la polémique du Grand Prix d'Abou Dhabi 2021 (*DTS*, S.4, Ép.10).

Ces représentants officiels ont face à eux une véritable armée constituée des ingénieurs les plus brillants qui soient. Ceux-ci sont prêts – et n'hésitent pas – à éprouver autant que possible les règles édictées. Certains profils chevronnés, comme Adrian Newey chez Red Bull, déplorent souvent le fait que ces règlements brident l'innovation en F1. Ce n'est pas nouveau, les instances dirigeantes ont toujours été visées par ce genre de griefs. On peut y voir une forme d'ironie : c'est justement parce que ces génies cherchent constamment à contourner les règles que celles-ci se multiplient.

Pourtant, de toute évidence, le maître-mot qui sous-tend les règles est la sécurité. Par exemple, les décès de Roland Ratzenberger et d'Ayrton Senna lors du Grand Prix de Saint-Marin en 1994, ainsi que plusieurs autres accidents graves survenus ce week-end-là et par la suite, ont entraîné d'importants changements de réglementation. Les règlements techniques ont été modifiés pour ralentir les voitures et, au cours des années suivantes, ils ont intégré des obligations de crash-tests plus strictes. Une limite de vitesse dans l'allée des stands a été instaurée, avec un début et une fin nettement définis. Auparavant, les pilotes étaient libres de leur vitesse – et en profitaient pour accélérer.

Parmi les autres conséquences, citons la standardisation de la voiture de sécurité et la mise en place de règles (globalement) clairement définies régissant son utilisation. À Imola, la safety car, bien que pilotée par un professionnel (le pilote de F3 Max Angelelli), était un modèle de route ordinaire. Désormais, il s'agit d'un véhicule haute performance modifié – et les pilotes de F1 se plaignent toujours de sa lenteur.

La FIA est omniprésente dans la gestion des activités de la F1, l'élaboration et l'application des règlements. Cet énorme camion, présent sur chaque course, abrite la direction, le personnel et les ingénieurs qui cherchent à aller sans cesse plus loin, dans la mesure du possible.

Deux membres importants du clan Red Bull F1 : le directeur de l'écurie Christian Horner (à gauche) et le directeur technique et extraordinaire designer Adrian Newey (à droite). Newey a connu une brillante carrière de concepteur, notamment en F1. Il est à l'origine de nombreuses victoires, en courses et en championnat.

Avec ses 1,80 m, Gordon Murray (à gauche) dépasse d'une bonne tête l'ancien propriétaire de l'écurie Brabham, Bernie Ecclestone. Pourtant, tous deux font figure de grands dans l'univers de la Formule 1. Murray compte parmi les meilleurs ingénieurs et concepteurs de voitures de tous les temps, tandis qu'Ecclestone a été pendant de nombreuses années le « tsar de la F1 ». C'est en grande partie lui qui a façonné l'actuelle grande machine sportive et marketing internationale qui brasse des milliards de dollars.

Chez Brabham, dans les années 1970 et 1980, le Sud-Africain Gordon Murray a conçu des voitures de course étonnamment rapides et innovantes – ainsi que quelques-unes qui ont éprouvé les limites fixées par les règlements. Sur la Brabham BT46B (dite « fan car » ou « voiture aspirateur »), un ventilateur monté à l'arrière plaquait la voiture au sol, décuplant ainsi l'adhérence (contrairement à ses concurrents, la largeur du moteur 12 cylindres à plat Alfa Romeo l'empêchait en effet d'exploiter l'effet de sol). Plus astucieux encore, peut-être, Murray l'avait conçu de telle sorte qu'il pouvait prouver aux officiels que le ventilateur servait à refroidir le moteur, contournant ainsi l'interdiction des dispositifs aérodynamiques mobiles.
Plus tard, avec la BT49C à moteur Ford-Cosworth V8, Murray s'est habilement joué des règles qui stipulaient une valeur minimale de garde au sol. La hauteur était vérifiée à l'aide d'un bloc de bois que les officiels glissaient sous la voiture : Murray a construit la carrosserie de la BT49C sur une suspension hydropneumatique qui maintenait la coque extérieure à la hauteur réglementaire lorsque la voiture était à l'arrêt. Sur piste, les forces aérodynamiques poussaient la carrosserie vers le bas, permettant de tirer pleinement parti de l'effet de sol.

Sans surprise, la « voiture aspirateur » de Gordon Murray a d'emblée suscité la controverse. Face aux protestations des équipes rivales, après avoir remporté sa première course, elle a été retirée du circuit, au grand dam de Murray.

La « plateforme maudite »

Chaque week-end de course, les voitures sont contrôlées afin de vérifier leur conformité aux règles en montant sur la plateforme de la FIA, officieusement surnommée par les équipes « la plateforme maudite » (*the bridge of doom*). Officiellement, ce processus se nomme « vérification technique » : les équipes doivent prouver la conformité de leurs voitures à un panel de juges supervisé par Jo Bauer, de la FIA.
Certains tests sont plus simples que d'autres. Le respect des obligations relatives aux dimensions de diverses pièces, notamment la largeur et la hauteur de la voiture, est confirmé (ou non) par le fait qu'elles rentrent dans une boîte. D'autres tests s'avèrent plus pointus, comme ceux visant à limiter les dispositifs aérodynamiques flexibles : des charges spécifiques sont appliquées à certaines zones du plancher et des ailerons avant et arrière pour s'assurer qu'elles ne dévient pas au-delà de la tolérance autorisée (en 2021, la FIA a également obligé les équipes à ajouter des repères sur les ailerons, surveillés en permanence sur le circuit grâce à des caméras embarquées).
Dans ce sport, la distinction entre légalité et illégalité se joue, elle aussi, souvent à la marge. Lors du week-end du Grand Prix du Brésil 2021, Lewis Hamilton a été disqualifié lorsque l'ouverture de son aileron arrière mobile s'est avérée 0,2 millimètre supérieure à celle autorisée. L'équipe a déclaré que deux vis étaient tombées.
Parfois, les équipes elles-mêmes s'impliquent dans la chasse aux tricheurs. Certaines innovations sont présentées au directeur technique de la FIA pour en vérifier la légalité. Une procédure également utilisée pour contrarier les rivaux suspectés de tricher, car la FIA notifie sa décision à toutes les équipes par le biais d'une « directive technique ». Par exemple, l'équipe A peut soupçonner la B de tricher en installant un dispositif à ressort à l'avant du plancher de sa voiture. Celui-ci offre une résistance suffisante pour que le plancher réussisse le test de déflexion de la FIA, mais, une fois sur piste, il fléchit sous l'effet des charges aérodynamiques plus importantes subies par la voiture, ce qui permet au plancher de fléchir également. L'équipe A écrit donc à la FIA sans citer de noms, mais en indiquant qu'elle envisage d'équiper sa voiture d'un tel système. Fort heureusement, elle inclut un diagramme technique illustrant ce projet. La FIA répond en informant toutes les équipes qu'un tel système n'est pas autorisé et qu'elle va renforcer les procédures de tests en conséquence. Voilà qui vous semble tiré par les cheveux ? C'est pourtant ce que McLaren a fait à Ferrari au début de la saison 2007.

La vérification technique d'une F1 est une affaire sérieuse, menée par des équipements de mesure sophistiqués. Les scrutateurs peuvent demander à une équipe de démonter sa voiture pour s'assurer que le moindre élément est conforme aux spécifications – ou non.

Le pilote de génie Mario Andretti (à gauche) et l'ingénieur et constructeur automobile Colin Chapman, doyen de Lotus et tout aussi génial, ont uni leurs talents pour remporter le Championnat du monde en 1978, avec la Lotus 79. Cette voiture a, la première, ouvert la voie au développement futur de l'« effet de sol » permettant de générer beaucoup d'appui et peu de traînée. En 1977, Andretti avait connu une année difficile avec Lotus. Enzo Ferrari lui avait alors fait miroiter la possibilité de piloter pour la Scuderia, mais il avait choisi de rester avec Lotus et de donner sa chance à la nouvelle voiture. Un choix qu'il n'aura pas regretté, puisque la monoplace n'allait pas tarder à devenir un véritable tapis volant.

« CHAPMAN S'ENTOURAIT DE CERTAINS DES INGÉNIEURS LES PLUS TALENTUEUX DU MONDE DE LA COURSE AUTOMOBILE. »

Le champion de F1 (et futur vainqueur des 500 miles d'Indianapolis) Jim Clark pilote la Lotus 25 lors du Grand Prix de Monaco 1964. Avec sa forme de cigare, cette F1 était réputée pour sa légèreté.

Colin Chapman, fondateur de l'équipe Lotus, était ce que l'on pourrait appeler, par euphémisme, « un entrepreneur ». Il avait créé son entreprise sous un pont de chemin de fer au nord de Londres, dans les années 1950 et avait rapidement acquis une réputation d'innovateur. Cependant, après lui avoir serré la main, mieux valait vérifier que votre montre était toujours à votre poignet.

Créateur à part entière, Chapman s'entourait de certains des ingénieurs les plus talentueux du monde de la course automobile. Ses voitures étaient rapides, souvent fragiles et presque toujours avant-gardistes. Dans les années 1960, la Lotus 25 a ouvert la voie à la construction monocoque (voir chapitre 2). Imaginez la fureur des clients qui avaient acheté des Lotus 24 à châssis de type « spaceframe » (car on leur avait promis qu'elles seraient « identiques d'un point de vue mécanique » aux voitures de l'écurie Lotus) en découvrant la Lotus 25, bien plus pointue.

Les Lotus 78 et 79 ont popularisé le phénomène aérodynamique de l'effet de sol à la fin des années 1970, mais d'autres tentatives pour aller encore plus loin (turbine à gaz, double châssis) n'ont pas abouti. Lorsque Chapman succombe à une crise cardiaque en 1982, il échappe de peu à une éventuelle peine de prison pour son implication dans le scandale de la DeLorean.

La Lotus 79 a remporté de nombreuses courses et triomphé lors du championnat de 1978. Cependant, ce ne sont pas ses ailerons avant et arrière qui en ont fait une monoplace si innovante ; ce sont ses pontons et son plancher qui permettaient au flux d'air de la plaquer littéralement au sol.

Le succès des qualifications : en perpétuelle mutation

À l'origine, les positions sur la grille de départ étaient déterminées par tirage au sort. Et les séances d'essais n'étaient rien de plus que des essais.

Avant-guerre, les organisateurs de courses ont commencé à adopter un système associant l'ordre de départ à la rapidité des performances réalisées durant les essais. En 1950, date du premier Championnat du monde, ce procédé était devenu la norme.

De 1950 à 1995, la conception de la grille de départ a progressivement évolué, passant de la prise en compte du meilleur temps de chaque pilote lors des essais à la mise en place de deux séances distinctes, l'une le vendredi, l'autre le samedi, chacune liée à la réalisation d'un temps donné. À partir de 1996, face aux exigences du nombre croissant de téléspectateurs à travers le monde, la F1 a réservé une heure le samedi après-midi au cours de laquelle chaque pilote disposait d'un nombre déterminé de tours pour établir un temps représentatif.

Pourtant, cette nouvelle organisation ne suffisait pas. Si le principe d'une heure d'action sur circuit, prête à l'emploi pour une diffusion télé, était bon, l'idée ne fonctionnait pas comme prévu. Le principal problème tenait à l'évolution de l'état de la piste : au fil des tours, les pneus des voitures déposaient du caoutchouc au sol, traçant ainsi une trajectoire de course idéale. Pendant les qualifications, les grandes équipes patientaient, laissant les autres faire le travail, jusqu'aux dernières minutes de la séance, lorsque la piste offrait a priori le plus d'adhérence. Exaspérés par le manque de spectacle, les diffuseurs ont fait pression pour que la formule évolue.

Au cours des années 2000, la FIA a testé différentes organisations dans l'espoir de garantir suffisamment d'action pendant l'heure de qualifications tout en pimentant la course. Quant à l'idée du format en un tour instauré en 2003, elle paraissait une fois de plus excellente en théorie, mais elle était vouée à l'échec.

Le pire qui puisse arriver à une équipe lors des qualifications est d'endommager sérieusement la voiture. Le pilote risque alors la disqualification et un départ en queue de peloton ou depuis l'allée des stands. Dans tous les cas, un tel incident sera synonyme de beaucoup de travail pour les mécaniciens.

Les pilotes de F1, comme Pierre Gasly ici en jeans et polo bleu, sont suivis en permanence par des équipes de télévision qui espèrent décrocher une brève interview ou saisir quelques paroles. Un état de fait qu'ils doivent accepter car il fait partie intégrante de la Formule 1 d'aujourd'hui.

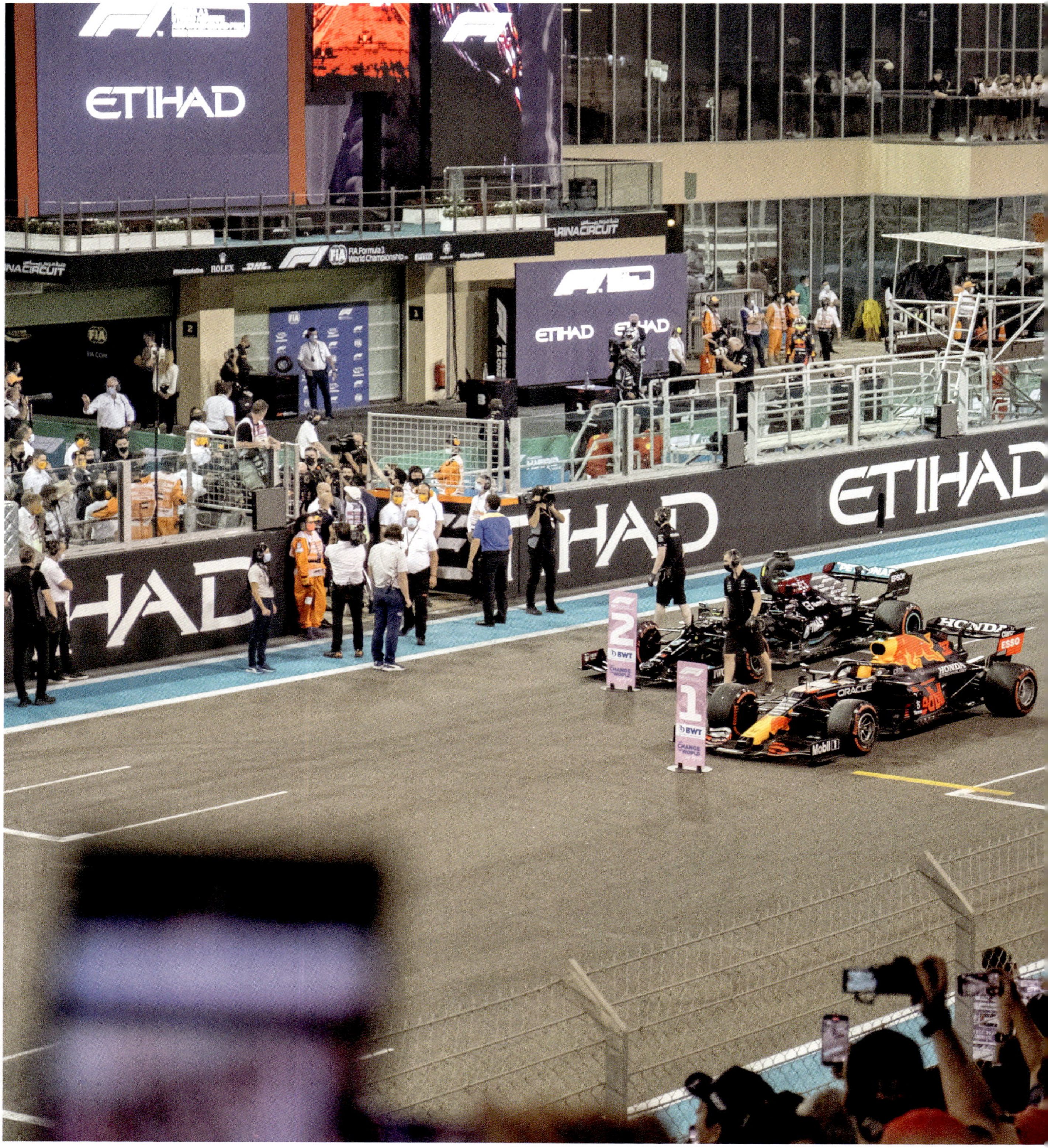
ETIHAD
ETIHAD ETIHAD
ROLEX
DHL
ETIHAD
HAD
2
BWT
1
BWT
HONDA
ESSO
ORACLE
Mobil 1

Le vendredi, les voitures s'élançaient une à une pour établir un temps au tour qui déterminait l'ordre de passage du lendemain. Le samedi, le pilote le plus lent la veille démarrait à nouveau en tête et chacun devait embarquer la quantité de carburant avec laquelle il prévoyait de prendre le départ de la course. En théorie, cette formule avait tout pour plaire : de l'action une heure durant, de la visibilité pour les petites équipes du fait de la retransmission télé, la possibilité de faire preuve de stratégie en roulant avec une charge de carburant légère pour obtenir une meilleure place sur la grille, et du suspense lié aux risques d'erreurs de pilotage.

Les équipes et les pilotes détestaient cette organisation. Réaménagée en 2004, elle a été abandonnée en 2005 au profit d'un système dans lequel les positions sur la grille étaient établies à partir du cumul des temps de deux sessions différentes. Les réactions ont été telles qu'il a été remplacé, après seulement six courses, par une session unique dans laquelle l'ordre de passage était déterminé par les positions d'arrivée de la course précédente.

En 2006, la FIA a mis en place une première version du format d'élimination en trois étapes, qui demeure un élément incontournable des week-ends de grand prix. Les pilotes les plus lents sont progressivement éliminés au cours des deux premières séances jusqu'à ce qu'il n'en reste que dix pour disputer la pole position. Différentes règles liées aux niveaux de carburant ont compliqué la donne jusqu'à ce que le ravitaillement soit interdit en 2010, permettant aux pilotes de courir avec un minimum de carburant tout au long des qualifications.

Hormis une tentative malheureuse d'introduire des éliminations toutes les 90 secondes en 2016 (un format tellement décrié qu'il a été abandonné après deux grands prix), le principe des qualifications est globalement demeuré stable jusqu'en 2021. Maintenant, seules quelques qualifications se déroulent le vendredi ; les résultats déterminent alors la grille pour une courte course de sprint le samedi qui, à son tour, fixe l'ordre de départ du grand prix du dimanche. Affaire à suivre...

Parmi les changements impulsés par Liberty Media, citons le fait que les trois meilleurs pilotes des qualifications s'arrêtent désormais devant la tribune principale pour être interviewés face aux fans.

Anatomie d'une bévue : Abou Dhabi 2021

L'issue du Grand Prix d'Abou Dhabi 2021 et du Championnat du monde était suspendue aux décisions du directeur de course de la FIA, Michael Masi. Or, ce dernier paraissait inventer les règles au fur et à mesure de la course. Rappelons les faits : au 53e tour (sur 58), Latifi (Williams) percute un rail à la sortie du virage n° 14, déclenchant l'intervention de la voiture de sécurité. Lewis Hamilton et Max Verstappen sont alors en première et deuxième position, tous deux roulant avec des pneus durs d'usure équivalente, mais Red Bull profite de la safety car pour faire rentrer Verstappen aux stands et l'équiper de pneus tendres. Si le pilote conserve sa deuxième position, entre-temps, cinq voitures retardataires se sont insérées entre lui et Hamilton, et trois autres sont restées derrière. Le règlement sportif de la F1 stipule qu'à la fin d'une période de voiture de sécurité, les monoplaces retardataires peuvent dépasser la safety car pour se dédoubler et venir se placer en fin de peloton avant que la reprise de la course ne soit signalée par un drapeau vert. Deux événements inattendus se sont produits à Abou Dhabi. Tout d'abord, le directeur de course a décidé de laisser seulement une partie des voitures (celles situées entre Hamilton et Verstappen) récupérer leur tour de retard ; ensuite, il a relancé la course un tour plus tôt qu'il n'aurait dû. La première décision était une entorse à ce qui se pratiquait habituellement, tandis que la seconde constituait une véritable enfreinte au règlement. Autoriser les retardataires à dépasser la voiture de sécurité reste à la discrétion du directeur de course, mais jamais dans l'histoire de la F1, cette décision ne s'était appliquée de manière partielle. Depuis, la FIA a revu les termes du règlement sportif, passant de « chaque voiture doit se dédoubler » à « toutes les voitures ».

« Malgré le sourire de certains, personne n'a ri. » La lutte pour le titre de champion de F1 2021 a duré toute la saison et a souvent fait l'objet de controverses entre Max Verstappen, chez Red Bull (à gauche), et Lewis Hamilton, chez Mercedes-AMG. La touche finale est intervenue lors de la dernière course à Abou Dhabi, décisive pour l'issue de la saison. Sur la piste, la bataille livrée a été pour le moins intense, mais l'on peut en dire autant des échanges radio entre les Team Principals et le directeur de course, diffusés en direct. Au final, une interprétation toute spontanée des règles a joué en faveur de Verstappen, lui offrant son premier titre mondial.

Si la formulation alors en vigueur manquait de clarté, les règles relatives à la reprise de la course étaient limpides, à savoir : « à la fin du tour suivant » après le signal donné aux voitures retardataires de se dédoubler. À Abou Dhabi, plusieurs voitures ont reçu l'ordre de doubler au 57e tour, ce qui signifie que la course aurait dû redémarrer à l'issue de du 58e tour, c'est-à-dire le dernier. La course se serait achevée derrière la voiture de sécurité, sacrant Hamilton champion du monde. Or Masi, a fait entrer la voiture de sécurité puis a brandi le drapeau vert à la fin du 57e tour. Avec ses pneus frais et tendres, Verstappen avait l'avantage et a dépassé Hamilton, remportant la course et le championnat. Une enquête officielle de la FIA a qualifié les événements des derniers tours d'« erreur humaine », bien que Masi ait « agi de bonne foi ». Outre la reformulation du règlement et des procédures, les instances dirigeantes ont démis Masi de ses fonctions.

Le titre se joue à rien lorsque Verstappen coiffe Hamilton au poteau avec un ultime dépassement lors de la clôture de la saison 2021, à Abou Dhabi.

Verstappen et Hamilton affichent un sourire en demi-teinte alors qu'ils échangent une poignée de main après l'une des finales de championnat de F1 les plus disputées de l'histoire. Un moment probablement difficile pour Lewis Hamilton qui venait ce jour-là de perdre une bataille, mais aussi le titre de champion 2021.

HONDA
ESSO
INEOS

Faire respecter les règlements

Charlie Whiting

En tant que chef mécanicien chez Brabham, Charlie Whiting collaborait avec l'un des ingénieurs les plus créatifs du milieu (Gordon Murray) et connaissait toutes les astuces mises en œuvre par les équipes pour contourner les règles.
Après que Bernie Ecclestone a vendu l'équipe et s'est consacré à plein temps à la gestion des droits commerciaux de la F1, il a fait en sorte que Whiting obtienne un poste de délégué technique de la FIA. Ce dernier veillait ainsi à la légalité de toutes les voitures en compétition et adaptait le règlement technique. En 1997, il est devenu directeur de course et délégué à la sécurité, ainsi que chargé de donner le départ de chaque course. C'est à lui que l'on doit la décision d'adopter l'actuel système des feux de départ. Après avoir constaté pendant des années, depuis la piste, que les pilotes n'attendaient pas que les feux verts s'allument, mais anticipaient l'instant où les feux rouges s'éteignaient, il avait compris l'inutilité des feux verts. Le temps qui s'écoule entre l'allumage complet et l'extinction de la rangée de cinq feux est désormais aléatoire. En 2019, Whiting a succombé à une embolie pulmonaire trois jours avant le Grand Prix d'Australie.

Charlie Whiting affiche un large sourire, à bord d'une voiture de sécurité, une Mercedes-AMG SLS F1. Il disposait de toutes les compétences nécessaires pour faire office de gardien en chef des règlements de la FIA, étant donné son expérience de chef mécanicien chez Brabham F1 aux côtés du brillant et novateur Gordon Murray. Il a également été directeur de course, délégué à la sécurité et starter officiel.

Les changements apportés pour la saison 2009 visaient à réduire l'effet de sol en vue de favoriser les dépassements. La FIA avait même mis en place un groupe de travail dédié à cette question et impliqué les équipes dans la réflexion sur la formulation des règles. Or, on ignorait alors que trois des parties prenantes présentes autour de la table avaient trouvé un moyen de contrevenir « légalement » aux règles qu'elles contribuaient à créer.

Parmi les nouvelles réglementations figurait une limitation de la taille des diffuseurs (en forme de tube de Venturi situés au niveau du fond plat entre les roues arrière). Ceux-ci fonctionnent par accélération de la circulation du flux d'air, générant alors une zone de faible pression sous la voiture. La diminution de la taille des diffuseurs réduit donc (en théorie) la force d'appui potentielle.

Les règles, mal formulées, indiquaient que toutes les surfaces qui se croisaient devaient former « une ligne continue visible depuis le dessous de la voiture ». Cela signifiait que le diffuseur, qui est de forme tridimensionnelle, devenait légal en une seule dimension. Trois équipes ont repéré cette faille et l'ont exploitée en mettant au point des doubles diffuseurs. Toyota en a même installé un troisième en cours de saison.

D'autres équipes ont contesté la légalité de ces conceptions, mais leur utilisation a été autorisée jusqu'en fin de championnat.

Les conceptions de l'aileron arrière et du diffuseur sont étroitement surveillées et mesurées par les inspecteurs techniques, car il s'agit d'un domaine où les équipes ont, par le passé, délibérément (ou accidentellement) triché. Ici, la McLaren MCL36 de la saison 2022.

La FIA consacre énormément de temps et d'efforts au contrôle des dispositifs aérodynamiques utilisés en F1. Elle dut cependant faire face, pendant un temps, aux conséquences d'une formulation ambiguë dans le règlement, qui laissait aux équipes une marge de manœuvre considérable pour « optimiser » leurs ailerons arrière et leurs diffuseurs. S'il ne s'agissait pas ouvertement de tricherie, l'affaire fit suffisamment de bruit pour que le règlement technique soit reformulé à la fin de la saison 2009 afin de clarifier l'intention et la signification des termes employés.

BRIDGESTONE
Virgin

INTERPRÉTER LES RÈGLEMENTS

Le réservoir secret

Après la course, les monoplaces sont pesées avec leur réservoir de carburant vide. On vérifie ainsi qu'elles respectent la limite de poids minimale et n'ont pas utilisé de carburant comme lest.

Le contrôle effectué au Grand Prix de Saint-Marin en 2005 réservait une surprise aux inspecteurs. Jenson Button (BAR), qui avait terminé troisième, a été disqualifié lorsque la pesée a révélé un déficit de 5 kg à l'arrivée. Les contrôleurs techniques avaient localisé et vidangé un mystérieux réservoir de carburant annexe.

Bien que BAR ait réussi à faire annuler cette décision pour des raisons techniques, la FIA a lancé une enquête et confirmé que le dispositif représentait une tentative sans équivoque de rouler sous le poids minimum durant la course, puis d'être au poids légal lors de la pesée d'après-course. L'équipe a été privée des points acquis à Imola et suspendue pour deux courses.

Jenson Button à bord de sa BAR-Honda, à Saint-Marin en 2005. L'équipe qui utilisait illégalement un double réservoir de carburant a été privée de ses points et suspendue pour deux courses.

Dans l'esprit de la manœuvre de BAR avec son double réservoir illégal, Tyrrell a fait rouler sa 012 avec un poids inférieur au minimum imposé pendant la saison 1984. En fin de course, sous prétexte de remplir le réservoir de liquide de refroidissement, l'équipe s'arrêtait aux stands et ajoutait du lest de plomb. Bien que l'opération n'ait pas fait l'objet d'une interdiction explicite, l'équipe a été exclue du championnat, accusée d'utiliser des additifs pour carburant illégaux.

Red Bull
HONDA
HONDA
Red Bull

Chapitre 6

JEUX D'ARGENT

LE BUSINESS DE LA F1

L'argent est au cœur de la Formule 1. Mais il arrive qu'il vienne à manquer. La bataille que se livrent les équipes pour rassembler les fonds nécessaires pour courir est presque aussi intense que l'action qui se déroule sur la piste – il est même parfois question de survie…

Difficile d'affirmer avec certitude que les dépenses engendrées par les deux accidents de Pierre Gasly lors des essais de pré-saison 2019 lui ont coûté sa place dans l'équipe Red Bull et ont entraîné sa réaffectation chez l'équipe sœur, AlphaTauri. Quoi qu'il en soit, l'histoire s'est plutôt bien terminée : Red Bull a remporté le titre de champion en 2021 et Gasly a décroché sa première victoire en F1 au volant d'une AlphaTauri.

Finir en première position, sinon rien

« Finir septième, huitième ou neuvième ne nous intéresse pas. » Ces mots prononcés par le directeur de l'écurie Red Bull, Christian Horner, dans l'épisode 5 de la Saison 2 de *Drive to Survive* sont fondamentaux, au point d'être repris au cours de l'épisode suivant. Ils sont révélateurs du fonctionnement de la Formule 1 d'aujourd'hui : les résultats ont un effet direct sur les gains d'une équipe.

À chaque grand prix, seuls les dix premiers pilotes marquent des points. En fin de saison, une partie des revenus commerciaux de la F1 est répartie entre les équipes en fonction de leur position dans le championnat des constructeurs. Les mieux placées perçoivent davantage, avec des écarts qui peuvent se compter en dizaines de millions de dollars.

Les sommes engagées pour concourir sont stupéfiantes. Dans ce même épisode de *Drive to Survive* (« De grandes espérances »), Horner chiffre à deux millions de dollars le coût des deux crashs de Pierre Gasly lors des essais de pré-saison. Pour une équipe de la taille de Red Bull et dotée de telles ressources, cette somme est dérisoire. Horner insiste surtout sur le fait que, à la suite de ces accidents, son équipe a manqué de pièces de rechange à un moment important de la saison.

Depuis les débuts du Championnat du monde de F1, la compétition est biaisée par les inégalités financières. Hormis quelques exceptions très médiatisées, les équipes les plus riches produisent généralement les meilleures voitures et peuvent se permettre de faire appel aux pilotes les plus rapides. Les plus performantes attirent également les contrats de sponsoring les plus avantageux, auxquels s'ajoutent les sommes gagnées en compétition. Alors que la société informatique Cognizant débourserait environ 30 millions de dollars par saison pour sponsoriser Aston Martin, le géant de la chimie Ineos a acquis 33 % de l'écurie Mercedes, multiple championne du monde, lors d'une transaction

Les paris et les bookmakers sont une goutte d'eau dans l'univers financier de la Formule 1. Les coûts de gestion d'une équipe sont élevés, tout comme les coûts d'exploitation d'un circuit de F1 – les contrats de télévision et le sponsoring représentent certains des montants du marketing sportif et commercial les plus élevés.

Si terminer la course en dixième position peut suffire à satisfaire les équipes de F1 de moindre importance, il n'en est rien pour les écuries phares telles que Mercedes-AMG, Ferrari et Red Bull.

estimée à plus de 800 millions de dollars. Les têtes d'affiche jouissent également d'un poids politique qui leur permet de protéger leurs propres intérêts.
Depuis 2021, les équipes de F1 doivent respecter une enveloppe budgétaire annuelle, initialement fixée à 145 millions de dollars. Les négociations pour parvenir à un tel consensus ont été particulièrement longues. Les petites équipes désiraient abaisser ce plafond, car elles ne gagnent pas suffisamment pour dépenser autant. À l'inverse, les équipes de tête de grille (pour qui l'argent n'est pas un problème) refusaient le principe même de limite budgétaire qui leur impose des choix nécessairement douloureux. Du fait de la pandémie, trois équipes ont frôlé la faillite et même Liberty Media (qui a payé 4,6 milliards de dollars pour acquérir les droits commerciaux de la F1 en 2017) a dû recourir à une forme d'ingénierie financière pour satisfaire ses actionnaires. Un compromis a été trouvé avec la signature de nouveaux Accords Concorde (voir page 156) qui distribuent les revenus de manière plus équitable et actent le principe de plafond budgétaire. Plutôt que de se séparer de leurs talents, Red Bull et Mercedes ont transféré une partie de leurs salariés dans de nouvelles entités spécialisées en haute technologie et qui interviennent à la demande ; Ferrari a détaché une bonne part de son personnel auprès des partenaires qui utilisent ses moteurs, Haas et Alfa Romeo. Le drame a donc été évité.
Liberty Media doit à présent s'adapter aux évolutions du marché mondial. Sous l'ère de Bernie Ecclestone, la F1 pouvait compter sur deux sources principales de revenus (représentant environ 70 % des ressources totales) : les droits télévisés de retransmission et les sommes payées par les circuits pour accueillir la F1. Le gouvernement chinois a, par exemple, dépensé 240 millions de dollars pour construire son circuit à Shanghai (bâti sur d'anciens marécages et reposant sur plus de 40 000 pieux en béton enfoncés dans le sol) et il aurait déboursé 50 millions par an pour avoir le privilège d'accueillir une course. Aucune entreprise classique (tel qu'un organisateur de courses) ne pourrait se permettre de telles dépenses. Et si le vivier des pays désireux de figurer ainsi en bonne place sur la carte mondiale du sport commence à s'épuiser, la F1 a encore de quoi faire : l'Azerbaïdjan, le Qatar et l'Arabie saoudite ont récemment signé des contrats de 55 millions de dollars. Liberty a hérité des arrangements complexes négociés par Ecclestone et s'efforce d'y mettre de l'ordre (Monaco, par exemple, ne paierait que 15 millions de dollars par an et conserverait les – très lucratifs – droits issus de la publicité sur le circuit). Mais le groupe s'est également montré disposé à des concessions pour accéder à des marchés suffisamment importants. Ainsi, pour sécuriser de nouveaux GP aux États-Unis (à Miami et à Las Vegas), Liberty a accepté un rapprochement avec les promoteurs.
De même, l'avenir des droits télévisés de retransmission (l'autre vache à lait de l'ère Ecclestone) pourrait être menacé, car de plus en plus de téléspectateurs passent désormais par des services de streaming. La migration de la F1 vers les plateformes de télévision payante au cours des deux dernières décennies a certes eu un coût en termes de croissance de l'audience, mais elle a rapporté des sommes phénoménales. Le contrat le plus lucratif signé par Liberty concerne la diffusion au Royaume-Uni : en 2019, après une guerre d'enchères, Sky TV est sorti vainqueur en acceptant de payer 255 millions de dollars par an jusqu'en 2024. L'opérateur possède une chaîne consacrée exclusivement à la F1 et mobilise un casting impressionnant pour chaque grand prix, notamment des commentateurs de haut vol tels que le champion du monde 1996 Damon Hill et celui de 2009, Jenson Button. Liberty a créé sa propre plateforme de streaming, F1 TV, mais a dû manœuvrer avec prudence (et la géobloquer par endroits) pour éviter de s'aliéner d'importantes sources de revenus.
Après avoir financé l'acquisition des droits commerciaux en contractant des emprunts, Liberty doit poursuivre le développement des activités de la F1 pour augmenter ses revenus. Cela signifie davantage de courses, une concurrence accrue pour l'affichage publicitaire sur les pistes – et, étant donné le rôle joué par la série dans la popularisation de la F1 aux États-Unis, de nouvelles saisons de *Drive to Survive*.
Une chose est sûre : dans ce contexte, les équipes réclameront leur part du gâteau. Dans un environnement où les coûts sont plafonnés, mais où les revenus ne le sont pas, et sans perspective de nouveaux entrants (en vertu des derniers Accords Concorde, le ticket d'entrée s'élève à 200 millions de dollars), les écuries se retrouvent, plus que jamais, responsables de leur destin.

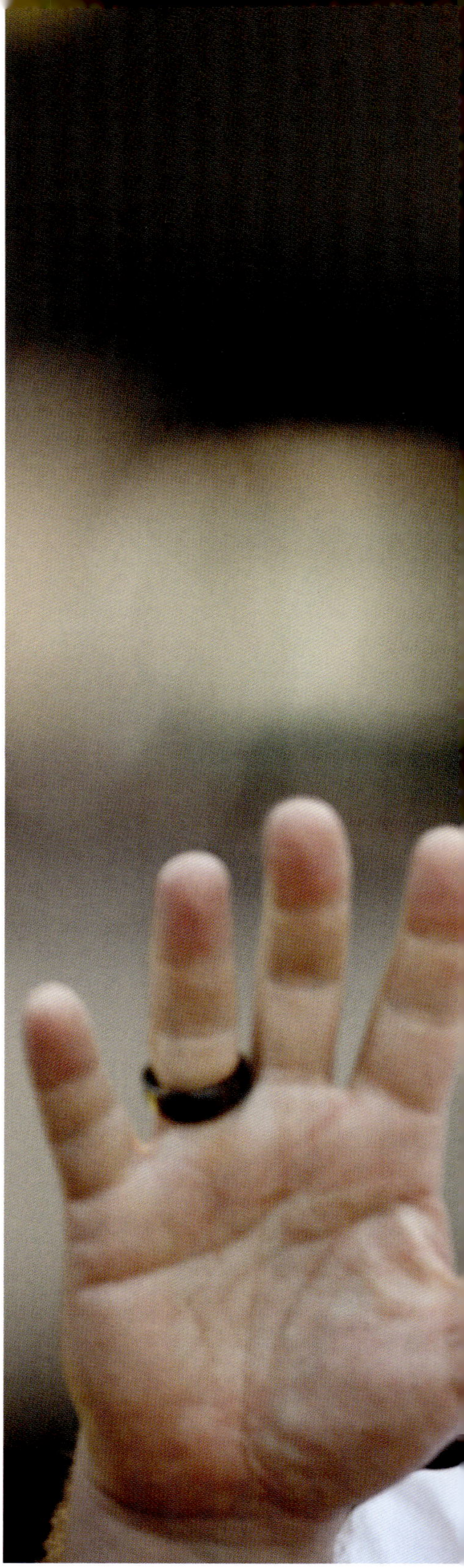

Zak Brown, PDG de McLaren, estime que, dans le cadre des nouveaux accords commerciaux, les équipes de F1 seront devenues des franchises multimilliardaires d'ici la fin des années 2020. Aucune n'a encore atteint ce stade…

Bernie Ecclestone et Michael Schumacher ont régné sur la Formule 1 pendant toute une génération. Le premier a abandonné son rôle de grand argentier le plus influent de la F1, et Schumacher, sept fois champion de F1, a pris sa retraite.

Quand l'argent est roi

150 000 dollars pour lancer Schumacher

Drive to Survive se plaît à prendre le parti des outsiders. Dans sa première saison, la série nous montre les coéquipiers de Force India/Racing Point, Esteban Ocon et Sergio Pérez, en lutte pour conserver leurs sièges. Au final, Pérez fait figure de vainqueur indigne parce qu'il attire des sponsors, contrairement au talentueux – mais sans le sou – Ocon. Cependant, argent et talent ne sont pas nécessairement inversement proportionnels (en effet, *DTS* ne nous dit pas tout – Ocon faisait partie du programme jeunes pilotes de Mercedes et était arrivé chez Force India dans le cadre d'un accord permettant à l'écurie de bénéficier de moteurs Mercedes à prix réduit).

En août 1991, personne n'aurait pu voir en Michael Schumacher un futur septuple champion du monde. Bien sûr, il était rapide au volant d'une Mercedes, mais pas plus que ses coéquipiers. Mercedes a déboursé 150 000 dollars pour le faire entrer en F1.

L'équipe Jordan (qui, après plusieurs changements de propriétaire, court maintenant sous le nom d'Aston Martin) avait un siège à pourvoir et des dettes à rembourser. Malgré des performances remarquables lors de sa première année, l'équipe avait pris du retard dans le paiement de plusieurs créanciers (dont Cosworth, le fournisseur de moteurs). En outre, l'un de ses pilotes risquait la prison après avoir aspergé un chauffeur de taxi londonien de gaz lacrymogène lors d'une altercation. Eddie Jordan, le patron, avait donc fort à faire – sans parler de la gestion des sponsors. L'écurie avait récolté quelques points lors des dernières courses et pouvait prétendre à une part des revenus commerciaux de la F1 sous réserve d'un bon classement au championnat des constructeurs en fin d'année. Mais Eddie avait un besoin d'argent immédiat. Alors, qui recruter ? Un vétéran peut-être plus susceptible d'accumuler des points, mais qui réclamerait d'être payé en conséquence, ou un débutant qui paierait pour avoir le privilège de conduire ?

Le besoin d'argent disponible à court terme a prévalu. Jordan a accepté les 150 000 dollars de Mercedes et chacun connaît la suite. Schumacher se qualifia en septième position pour le Grand Prix de Belgique, mais cassa son embrayage au départ. Cela suffit cependant pour le faire sortir du lot. Malheureusement pour Jordan, dans l'urgence de conclure l'accord à temps pour Spa, certains détails contractuels étaient restés en suspens et Schumacher se retrouva au volant d'une Benetton dès la course suivante. Bernie Ecclestone, le grand manitou de la F1, repérant le potentiel du jeune pilote pour conquérir le public allemand, orchestra son transfert vers une équipe plus proche du début de la grille. Ron Dennis, patron de McLaren, tenta de consoler Eddie Jordan, avec ces mots : « Bienvenue au Piranha Club. »

> « En août 1991, personne n'aurait pu voir en Michael Schumacher un futur septuple champion du monde. »

Les Accords Concorde

Le contrat tripartite signé entre les équipes, la F1 et la FIA est top secret. Il ne doit pas son nom à l'avion supersonique, mais à l'endroit où le premier accord a été élaboré, au cours d'une réunion longue et délicate, un jour de janvier 1981 : le siège de la FIA, place de la Concorde, à Paris.

Il est alors question du contrôle des règles de la F1 et de ses accords commerciaux. On trouve d'un côté le comité sportif de la FIA et son président, Jean-Marie Balestre et, de l'autre, l'Association des constructeurs de Formule 1 (la FOCA). Cet organisme représente la majorité des équipes privées et est dirigé par le propriétaire de Brabham, Bernie Ecclestone, et son conseiller juridique, Max Mosley. La FOCA estime percevoir une part trop faible des recettes commerciales de la F1. Elle considère aussi que la FIA invente constamment des règles au débotté, ce qui favorise les équipes des grands constructeurs. Ce conflit latent a déjà entraîné des boycotts et des courses ont été annulées ou déclarées inéligibles pour les points du championnat. Il complique les investissements en F1 et les principaux sponsors et fournisseurs commencent à se montrer frileux. Imaginez que des équipes entières apparaissent puis disparaissent au gré des épisodes de *Drive to Survive*.

Parmi les principales concessions entérinées par les premiers Accords Concorde figure l'octroi des droits télévisés de retransmission à la FOCA, initialement dans le cadre d'un contrat de cession à court terme. Jusqu'alors, la couverture télévisée avait été inégale : les diffuseurs n'étaient pas nécessairement intéressés par la F1 et les promoteurs craignaient les effets de la diffusion sur la vente des billets. Mais, dans le cadre du nouvel accord, les équipes s'engagent à participer à toutes les courses du calendrier sous peine d'exclusion du championnat. Ecclestone dispose ainsi d'une offre stable pour les diffuseurs – et, en habile négociateur, il saura en tirer profit.

Difficile d'imaginer que ces deux-là (Max Mosley, à gauche, et Bernie Ecclestone) ne se soient pas affrontés de temps à autre (tout en faisant beaucoup pour la F1). Leur travail et leurs conflits semblaient moins concerner les courses en elles-mêmes que les multiples aspects financiers de la Formule 1 – les rémunérations des équipes, le sponsoring ainsi que les droits et contrats télévisuels aux sommes astronomiques.

Ce qui semblait au départ une concession relativement insignifiante s'est mué en une véritable mine d'or.
Au cours des années suivantes, Ecclestone a vendu ses participations dans les équipes, la FOCA s'est transformée en l'entité commerciale que nous connaissons aujourd'hui sous le nom de Formula One Group, et l'ampleur des profits bénéficiant à Ecclestone est devenue de plus en plus controversée. Au milieu des années 1990, alors que Mosley avait accédé au poste de président de la FIA et semblait travailler main dans la main avec Ecclestone, les équipes ont commencé à exprimer leur désaccord. Et ce, surtout lorsque l'on a découvert qu'Ecclestone avait transféré les droits commerciaux à un trust au nom de sa femme, protégé de toute investigation par un montage de sociétés offshore russes.

Les versions ultérieures des Accords Concorde ont fait l'objet de discussions encore plus longues, s'étirant sur des mois et des années. Mosley et Ecclestone incarnaient désormais l'establishment contre lequel les équipes se battaient. De façon ironique, on constate d'ailleurs que sous le règne d'Ecclestone les inégalités et injustices n'ont fait qu'augmenter.
L'un des faits d'armes de Liberty Media depuis son acquisition des droits commerciaux a été la signature de nouveaux Accords Concorde en 2020. Ceux-ci ont mis un terme à la stratégie de division et de domination d'Ecclestone qui avait contraint au silence et privé près de la moitié du paddock de ressources. Les nouveaux accords répartissent les revenus commerciaux de manière plus équitable et réduisent les disparités entre les équipes. La paix règne désormais au royaume de la F1 – en apparence, du moins...

« Mosley et Ecclestone étaient devenus l'establishment contre lequel les équipes se battaient. »

La FIA, la F1 et la FOCA, autrement dit le triumvirat d'antan : Jean Marie Balestre, Max Mosley et Bernie Ecclestone (de gauche à droite).

Continental
parmalat

Eddie Irvine, ancien coéquipier de Michael Schumacher, était le pilote principal de Jaguar Racing et l'un des salariés les mieux payés de Ford. Pourtant, son nouveau patron ignorait qui il était et ce qu'il faisait.

Le pilote irlandais Eddie Irvine (connu pour son franc-parler, mais qui apparaît plutôt pensif ici) a su résister à la pression imposée par son rôle de coéquipier de Michael Schumacher chez Ferrari et a remporté quatre grands prix.

Quand l'argent est roi

Mais qui est donc ce Ed Irvine ?

Dans le milieu du sport automobile, il existe un cliché qui à force d'être ressassé n'en demeure pas moins vrai : le meilleur moyen de s'enrichir rapidement consiste à démarrer avec beaucoup d'argent. Pourtant, l'argent ne garantit pas le succès : il faut aussi savoir le dépenser à bon escient. Toyota a ainsi passé huit saisons en F1 sans revendiquer la moindre victoire, et ce, malgré la présence de plusieurs pilotes et ingénieurs de renom. En 2003, l'écurie tenait tellement à débaucher le directeur technique de Renault, Mike Gascoyne, qu'elle a inclus dans son contrat l'utilisation d'un jet privé pour lui permettre de rejoindre l'équipe à Cologne, en Allemagne, tout en continuant à vivre au Royaume-Uni. À la fin de son contrat, plus personne n'ignorait sa ritournelle : l'interférence constante des apparatchiks des grandes entreprises qui ne comprenaient rien à la course automobile. Au cours des derniers mois, trônait sur son bureau un modèle réduit de char d'assaut radiocommandé qu'il utilisait pour tirer sur les employés qu'il n'appréciait pas. Les tentatives d'incursion de la Ford Motor Company dans la F1 n'ont pas toujours été infructueuses : elle a financé le développement du Ford-Cosworth V8 qui a démocratisé les moteurs puissants des années 1960 jusqu'au début des années 1990. En revanche, son acquisition d'une équipe compte parmi les échecs les plus humiliants de la F1. Comme pour Toyota, il est question de largesses inutiles, d'orgueil démesuré et d'un turnover de cadres supérieurs. Fin 1999, Ford achète l'équipe Stewart et la rebaptise Jaguar Racing (pour des raisons purement marketing, au profit de l'une des marques de luxe de FoMoCo). Si Stewart avait remporté un grand prix, au cours des cinq saisons suivantes, Jaguar ne parvient pas à rééditer cet exploit, et ce, malgré une continuité des installations et du personnel (beaucoup sont cependant partis ou ont été remerciés lors de divers coups d'État internes à l'entreprise). Fin 2001, dans un contexte de parts de marché déclinantes et de procès très médiatisés (liés à des défaillances de pneus sur le modèle Explorer), William Clay Ford Jr, arrière-petit-fils du fondateur, est nommé directeur général avec pour mission de procéder à des réductions de coûts massives. En jetant un coup d'œil sur la masse salariale, il découvre le nom d'une personne payée 10 millions de dollars par an pour… Pour quoi ? Ford n'en avait pas la moindre idée…

Avant que les revenus de la F1 ne soient redistribués à partir d'une cagnotte commune, les équipes devaient négocier directement avec chaque promoteur. Alors que les récompenses finales étaient traditionnellement annoncées publiquement et bien en amont, l'argent touché avant la course (une sorte de prime au départ) variait d'un participant à l'autre. Les montants dépendaient généralement de leur popularité, car les têtes d'affiche permettaient aux promoteurs de vendre davantage de billets.

Ces pratiques ont commencé à évoluer lorsque la couverture télévisuelle des courses s'est accrue, dans les années 1960 et 1970, et que Bernie Ecclestone a fédéré les équipes pour négocier de concert. Ancien concessionnaire de motos, ce dernier avait côtoyé le monde de la course automobile en tant que manager de pilotes et homme d'affaires avant d'acheter l'équipe Brabham en 1971. Il a créé l'Association des constructeurs de Formule 1 (FOCA) afin d'obtenir des accords plus favorables, rassemblant principalement les équipes basées en Grande-Bretagne. Celles-ci construisaient leurs propres châssis et utilisaient des moteurs Ford-Cosworth V8 très similaires. Selon le contexte politique, il arrivait que certaines alliances se nouent avec les autres équipes de constructeurs et personnalités telles qu'Enzo Ferrari.

La signature des Accords Concorde (voir page 156) a apporté une relative stabilité à la F1 et lui a permis de devenir le spectacle télévisé que l'on connaît aujourd'hui, avec un nombre fixe de participants d'une course à l'autre.

Les efforts de Bernie Ecclestone ont effectivement permis aux petites équipes privées de négocier en bloc avec les grandes équipes d'usine. Ici, deux de ces équipes plus modestes, Williams et Brabham (possédée par Ecclestone), réalisent un doublé au Grand Prix des États-Unis Ouest en 1981, année de la signature des premiers Accords Concorde.

MICHELOB
parmalat

QUAND L'ARGENT EST ROI

Ayrton Senna joue à pile ou face

Lorsqu'il est question d'argent, les pilotes de course se montrent aussi compétiteurs que sur le circuit. Certains confient les négociations à leur manager, d'autres font appel à des entreprises pour gérer leurs affaires, d'autres encore savourent autant la perspective d'une négociation difficile qu'un coude à coude sur la piste avec un rival.

La saga de l'âpre rivalité qui opposa Ayrton Senna à son coéquipier de McLaren, Alain Prost, à la fin des années 1980, est devenue légendaire. Les circonstances qui ont poussé Senna à rejoindre cette équipe sont moins connues. Ce dernier savait que l'écurie possédait la meilleure voiture et Ron Dennis, le patron de McLaren, savait que Senna ne pourrait résister à cette opportunité. Pourtant, impossible pour les deux hommes de s'accorder sur le montant du salaire de Senna – leur différend portait sur un demi-million de dollars.

Déterminé à sortir de cette impasse, mais refusant (par fierté, peut-être) la moindre concession, Dennis suggéra qu'ils tirent à pile ou face. Du fait de son niveau d'anglais, il fallut d'abord expliquer par écrit le concept à Senna. Puis cinq bonnes minutes supplémentaires furent nécessaires pour préciser dans ses moindres détails le protocole du lancer (que se passerait-il si la pièce atterrissait dans l'épais tapis à poils longs et s'immobilisait sur la tranche ?). Dennis l'emporta – avant de se souvenir qu'il s'agissait d'un contrat de trois ans. Un pile ou face à 1,5 million de dollars, donc.

Ayrton Senna (à gauche) et Ron Dennis, alors patron de l'équipe McLaren, célèbrent leur victoire au Grand Prix de Monaco 1993, chacun repartant avec un trophée. Senna est considéré comme l'un des plus grands « maîtres de Monaco », avec un record de six victoires sur ce circuit.

Ayrton Senna da Silva restera dans l'histoire comme l'un des plus grands pilotes de F1. Souvent critiqué pour sa conduite bagarreuse, il maîtrisait sa voiture comme aucun autre.
Il a remporté 3 Championnats du monde et 41 victoires en dix ans de carrière en F1.

« UN PILE OU FACE À 1,5 MILLION DE DOLLARS »

Quand les sponsors tournent mal

En Formule 1, fortune et désespoir coexistent. L'ampleur des besoins en liquidités a conduit bien des équipes à devoir se battre pour survivre – et à ne pas se montrer trop exigeantes. Si vous vous intéressez à la F1, vous observerez la valse des sponsors et des aspirants propriétaires d'équipes, certains quittant la scène plus rapidement que prévu, laissant un certain désordre dans leur sillage.

L'image et le glamour associés à la F1 agissent comme un aimant sur les plus aventuriers. En général, ils disposent d'un peu d'argent, suffisamment pour verser les premières échéances promises, et ils s'imaginent qu'une fois admis dans le paddock, ils pourront signer de nouveaux et fructueux contrats. La réalité est souvent tout autre. Pendant le tournage de *Drive to Survive*, deux équipes de queue de peloton, Haas et Williams, ont vu leurs partenaires principaux leur faire défaut. L'épisode 2 de la saison 2 aborde la saga Rich Energy/Haas. Les réalisateurs se montrent d'ailleurs particulièrement favorables à un sponsor dont les comptes publiés ont pourtant révélé un solde bancaire d'à peine à quelques centaines de livres sterling, bien loin des millions nécessaires.

Néanmoins, aucun crime ne fut à déplorer dans ces affaires. Si Netflix avait existé dans les années 1980, il aurait été fascinant de découvrir le récit des méfaits commis par Joachim Luthi et Jean-Pierre Van Rossem, deux aspirants propriétaires d'équipes et escrocs de premier ordre. Luthi, un banquier suisse, a acheté l'équipe Brabham en 1989, avant de prendre la fuite, accusé d'avoir détourné 133 millions de dollars.

Quant à Van Rossem, barbu à la longue tignasse, il ne fit qu'un bref passage en F1, parvenant en une seule saison à s'attirer les foudres de Bernie Ecclestone et du président de la FIA. Il avait convoqué une conférence de presse au cours de laquelle il les avait qualifiés de mafioso et de sympathisant nazi. Van Rossem avait déjà été condamné à de la prison pour fraude lorsqu'il est arrivé dans le paddock en tant que sponsor et nouveau propriétaire majoritaire de la petite équipe Onyx. Connu pour son franc-parler et ses opinions tranchées sur la façon dont la F1 devrait être gérée, il semblait également disposer de réserves d'argent illimitées. Dans les années 1980, Van Rossem s'était reconverti en gourou de la Bourse et inventeur de Moneytron, un superordinateur top secret capable d'anticiper les mouvements des marchés boursiers. La famille royale belge comptait parmi ses investisseurs.

Van Rossem a failli conclure un accord avec Porsche pour la fourniture de moteurs (il aurait mis le feu à l'une de ses Porsche en signe de protestation lorsque la négociation n'a pas abouti). Lorsque Moneytron s'est avéré être une chaîne de Ponzi, Van Rossem était une fois de plus en route pour la prison. Le nouveau propriétaire majoritaire, Peter Monteverdi, s'est révélé presque aussi excentrique : il a limogé le directeur technique et s'est autoproclamé ingénieur en chef.

Tels sont les risques qui menacent les équipes de fond de grille.

> « En Formule 1, fortune et désespoir coexistent. »

Les préservatifs Durex comptent parmi les sponsors les plus controversés, ou du moins ceux qui ont donné lieu au plus grand nombre de plaisanteries dans l'histoire de la F1. L'entreprise n'avait pourtant enfreint aucune loi en cherchant à faire connaître ses produits (qui n'avaient rien d'illégal) auprès d'un public international. On ne peut qu'espérer que leurs performances dépassaient celles de cette Surtees TS19 qui arborait le logo et les couleurs de la marque.

durex
Virgin
BELL
19
19
durex
GOODYEAR
18
durex

ESTEBAN OCON
31
Gulf
easypost.
DEWALT
McLAREN ART
smartsheet
sparco

Chapitre 7

RÉFLÉCHIR VITE ET BIEN

LA STRATÉGIE EN F1

Souvent évoquée, mais rarement comprise, la stratégie de la F1 se révèle un exercice de gestion de la complexité et du risque. Une capacité à jongler entre plusieurs probabilités. Avant le départ d'une course, tout peut arriver et, dans les phases finales, toutes les permutations convergent vers un résultat unique. L'équipe victorieuse est généralement celle qui prend les meilleures décisions dans un contexte changeant.

Les arrêts aux stands sont un spectacle riche en couleurs et en action. La voiture doit entrer dans son stand, s'immobiliser, être soulevée et ses quatre pneus doivent être changés en moins de 2,5 secondes. Actuellement, cet exploit est rendu possible par l'interdiction des ravitaillements en carburant pendant la course – une mesure fluctuante dans l'histoire de la F1. Toute réparation supplémentaire ou tout réglage aérodynamique allonge la durée d'arrêt visée, qui est de l'ordre de 2 secondes. Un changement de pneus raté peut coûter la victoire à une équipe, qui se verra reléguée en milieu de peloton.

Au cœur de la data

Si *Drive to Survive* aime nous plonger au cœur de l'action, la série rechigne à aborder en détail les questions de stratégie. Cette réticence tient d'une part au fait que les créateurs de l'émission jugent peut-être le sujet trop complexe pour les téléspectateurs novices, mais aussi parce que, même si les écuries se montrent plus ouvertes avec l'équipe de *DTS* qu'avec tout autre média, les opérations stratégiques demeurent top secrètes.

Chaque monoplace est équipée d'un tracker GPS et d'environ 300 capteurs qui surveillent absolument tout, du mouvement de la suspension et des forces G à l'œuvre, à l'état du moteur, en passant par l'intensité de l'appui du pilote sur la pédale de frein. Toutes ces données (représentant jusqu'à trois ou quatre gigaoctets en une course) sont transmises au mur des stands, puis à l'usine, où des équipes de mathématiciens chevronnés contribuent à des prises de décisions stratégiques instantanées. La F1 dispose également de capteurs en bord de piste grâce auxquels elle fournit en direct aux chaînes des données et des prévisions stratégiques réalisées par son partenaire, Amazon Web Services.

Chaque tour de roue vient enrichir les modèles stratégiques que les équipes ont mis au point avant leur arrivée sur le circuit. De retour à l'usine, une salle dédiée au pilote de simulateur permet d'évaluer l'effet sur le temps au tour de différents réglages mécaniques (hauteur de caisse, rigidité de la suspension, réglage des ailerons, etc.). On commence alors à estimer la durée de vie des pneus en fonction des données de performance. Sur le circuit, les

Les écrans diffusant les graphiques de télémétrie sont adaptés à chaque course et à chaque circuit. Ils fournissent une quantité vertigineuse de données en temps réel, capables d'indiquer à l'équipe (et au pilote) si la course se déroule conformément au plan stratégique ou non, et d'orienter les ajustements nécessaires.

Le rôle des Team Managers et des stratèges ne consiste pas simplement à observer la course. Ils doivent surveiller en temps réel les données provenant de la voiture, de son placement et des performances du pilote afin d'élaborer une stratégie gagnante.

TIME MESSAGE
18:09 CLEAR IN TRACK SECTOR 7
18:09 CLEAR IN TRACK SECTOR 11
18:09 CLEAR IN TRACK SECTOR 14
18:09 CLEAR IN TRACK SECTOR 18
WET
DRY
PERIOD 3 HOURS
Weather Data Supplied by FIA
© F1 Group P3
18:17:58
TRACK TEMP 36
AIR TEMP 31
> WET / DRY 0
WIND SPEED 2.7
HUMIDITY 65
PRESSURE 1008.0
2011 FORMULA 1 SING
SINGAPORE
18:17:58
Sector Times
Sector Speeds

équipes exploitent ces informations en observant si la réalité est conforme aux essais virtuels. Il s'agit de répondre à cette question cruciale : à quelle vitesse pouvons-nous rouler et pendant combien de temps avant que les pneus ne s'usent ou ne se détériorent ?
À partir de ces informations, les stratèges élaborent des scénarios quant au nombre et au moment des potentiels arrêts au stand, ainsi qu'à la façon dont ils pourraient réagir au regard des décisions prises par leurs concurrents. Tous ces scénarios sont étayés par des données, car l'instinct ne suffit pas.
Les stratèges en chef, issus de prestigieux cursus académiques, bénéficient généralement d'une double formation en mathématiques et en ingénierie. Par exemple, Ruth Buscombe, chez Alfa Romeo, est diplômée (avec mention) de l'université de Cambridge en ingénierie aérospatiale et aérothermique, tandis que Randeep Singh de McLaren a brillamment étudié l'ingénierie et le management à Oxford. Tous deux ont également développé le logiciel de stratégie utilisé par leur équipe.
Quels que soient les scénarios préétablis, les équipes doivent impérativement être attentives et en mesure de réagir pendant la course. Leurs décisions reposent sur plusieurs éléments clés : la performance et la longévité des pneus, principalement, mais aussi les incidents qui surviennent et la position des autres voitures sur le circuit. Pour prendre des décisions rapides, les stratèges ont sous les yeux une représentation graphique de la piste sous forme de cercle, indiquant l'écart avec les voitures suivantes. En évaluant le temps d'arrêt au stand, ils peuvent prévoir si leur pilote trouvera la voie libre au sortir de l'allée des stands ou si d'autres voitures risquent de lui bloquer le passage.

Les pilotes de F1 s'entraînent et apprennent à maîtriser de nouveaux circuits sur des simulateurs extrêmement sophistiqués, bien loin de ceux que l'on trouve dans les salles de jeux et chez les concessionnaires automobiles.

En parlant de concentration extrême, observez le regard de l'ingénieure stratège en chef d'Alfa Romeo, Ruth Buscombe, à droite. À gauche, le pilote de l'équipe, Antonio Giovanazzi, avec l'ingénieur de piste en chef, Zevi Pujolar, au centre. Ruth Buscombe, bardée de diplômes et extrêmement compétente, est l'une des nombreuses femmes à occuper des postes d'ingénieurs de haut niveau en F1.

Alfa Romeo
CARRERA
RACE 2
Setup

Anticiper ou réagir

En F1, la stratégie est une question de processus plus que de résultats. C'est pourquoi l'approche des journalistes et des fans diffère de celle des stratèges. Le risque de se laisser prendre au piège en jugeant les décisions stratégiques à l'aune du seul résultat est grand (autrement dit, « a posteriori, cela semble évident »).

Peu importe le nombre de simulations stratégiques que les équipes effectuent avant la course, une météo imprévisible, par exemple, peut tout remettre en cause. Même les équipes leaders peuvent être victimes du hasard. Ce fut le cas de Mercedes lors du Grand Prix d'Allemagne 2019 (S.2, Ép.4 de *Drive to Survive*).

Ce week-end-là, alors que l'équipe célèbre les 125 ans de Mercedes en sport automobile, la canicule qui sévit en Europe laisse place pendant la nuit à des orages et des pluies torrentielles. Lewis Hamilton et Valtteri Bottas (Mercedes) dominent le début de course sur une piste qui sèche progressivement. Pourtant, une série d'accidents et d'abandons mécaniques survenus ailleurs sur le circuit, ainsi qu'une nouvelle averse, vont avoir raison d'eux.

Les choix de Mercedes paraissent alors pertinents, tandis que Red Bull semble en difficulté, équipant trop tôt Max Verstappen de pneus pour temps sec. Après un tête-à-queue, celui-ci chausse des pneus intermédiaires.

Mercedes perd pied dans le chaos qui entoure le déploiement de la deuxième voiture de sécurité. Charles Leclerc (Ferrari), parti en tête-à-queue dans l'avant-dernier virage, se retrouve dans le bac à graviers, ce qui provoque l'intervention de la *safety car*. Lorsqu'Hamilton arrive, il sort également de piste, mais parvient à repartir, sans aileron avant. Il se précipite ensuite dans les stands, mais ne respecte pas la procédure d'entrée, ce qui lui vaut une pénalité. Pire encore, son équipe, qui attendait Bottas, n'a pas eu le temps de se préparer.

Plus tard, Mercedes manque de nouveau l'opportunité qui s'offre avec une nouvelle période de voiture de sécurité. La piste séchant, l'équipe a retardé le passage de ses deux pilotes à des pneus tendres. Si le changement était intervenu plus tôt, la pénalité infligée à Hamilton aurait été moins douloureuse.

La pluie qui a émaillé le Grand Prix d'Allemagne 2019 a donné lieu à une course pour le moins agitée.

Tout cela prête à discussion lorsque les deux pilotes effectuent un tête-à-queue sur la piste encore glissante.
Une mauvaise journée pour Mercedes, surtout avec du recul. On peut dire de même pour McLaren qui a perdu une occasion de hisser Carlos Sainz sur le podium en ne l'équipant pas de pneus tendres lors du dernier déploiement de la safety car. Il termine cinquième, devancé par Daniil Kvyat (Toro Rosso) et Lance Stroll (Racing Point) qui avaient chaussé des pneus tendres.
Bien que les choix effectués par les stratèges de Toro Rosso et de Racing Point aient pu paraître extrêmement malins, ils relevaient véritablement du pari, car les radars météo (et le ciel) laissaient présager l'imminence de la pluie. Un pari que les journalistes ont alors qualifié d'« inspiré ». Si les cieux s'étaient ouverts, ils se seraient probablement montrés plus sévères.
Mercedes s'en est voulu après la course, mais le hasard avait joué un rôle déterminant. Verstappen n'a pas trop souffert des conséquences de son tête-à-queue et de son arrêt, puisqu'il n'a pas endommagé sa voiture – contrairement à Hamilton (dont la situation n'a fait qu'empirer lorsqu'il a raté son entrée au stand et pris son équipe au dépourvu).
En tant que téléspectateurs d'une série télévisée dotée d'un arc narratif, on tend parfois à oublier que les courses ne se déroulent jamais exactement comme prévu du fait des aléas qui surviennent. C'est pourquoi les stratèges évaluent la qualité de leurs décisions en fonction de l'état de leurs connaissances à un instant précis, et réagissent aux premières gouttes de pluie plutôt que de toujours chercher à anticiper. Les pneus pour temps de pluie s'usent rapidement sur piste sèche. Déterminer le bon moment pour chausser des pneus slicks s'avère difficile et l'on se fie généralement au ressenti du pilote plutôt qu'à des données concrètes. Comme en bourse, le hasard n'est pas négligeable, mais il donne parfois l'air intelligent.

Avant le Grand Prix d'Allemagne 2019, Lewis Hamilton défile à l'arrière de la Mercedes-Benz 600 Pullman Landaulet, une limousine de parade. Sans doute pour Mercedes le meilleur moment du week-end de célébration de ses 125 ans de sport automobile…

Question de pneus

Alors que certains médias couvrent chaque séance d'essai avec autant de ferveur que s'il s'agissait de la course, le téléspectateur novice peut s'interroger sur l'intérêt de ces séquences. Les voitures sortent, font quelques tours (plus ou moins rapides), puis rentrent à nouveau. Et alors ?

Pourtant, au cours de ces sessions, chaque seconde passée sur le circuit compte. Non seulement pour les réglages de la suspension et de l'aérodynamisme des voitures, mais également pour appréhender les options stratégiques liées aux pneus.

Auparavant, la multiplicité des fournisseurs de pneus compliquait la donne et engendrait de coûteuses guerres technologiques. Depuis 2011, Pirelli est le seul fournisseur de pneus, avec une mission pour le moins étrange : faire en sorte que chaque course ressemble au Grand Prix du Canada 2010. Ce jour-là, on avait assisté à une course fantastique et totalement imprévisible. Plusieurs éléments, dont une piste partiellement refaite et des températures plus fraîches que prévu, avaient entraîné des problèmes de pneus avec de nombreux arrêts aux stands. Face à un tel spectacle, Bernie Ecclestone, détenteur des droits de la F1 à l'époque, avait effectivement soufflé à Pirelli : « J'en veux encore, s'il vous plaît. »

Depuis, le souhait d'Ecclestone a façonné les grands prix. Pirelli a cherché à fabriquer des pneus qui fonctionnent parfaitement jusqu'à un certain point, puis se dégradent rapidement (mais sans danger), ouvrant théoriquement la voie à de multiples opportunités en matière de stratégie.

Il importe de distinguer dégradation et usure. Les pneus de F1 ne s'usent pas comme ceux des voitures classiques. Arrive simplement un point où la réaction chimique qui leur permet d'adhérer à la surface de la piste ne fonctionne plus, les faisant perdre en adhérence. Différentes raisons peuvent être à l'origine de ce phénomène, c'est pourquoi vous entendrez souvent les pilotes râler auprès de leur ingénieur de course au sujet de leurs pneus : si vous sollicitez trop et trop tôt le caoutchouc, il peut surchauffer et endommager la surface. Il existe également une « fenêtre » de température optimale : en deçà, le pneu adhère peu.

Le choix des pneus relève d'une décision stratégique clé. Trois types sont disponibles pour chaque course, désormais simplement appelés tendres, intermédiaires et durs (il existe en réalité cinq types de pneus différents, pour s'adapter à tous les circuits du calendrier, mais pour simplifier, les trois sélectionnés pour la course conservent cette même appellation). En théorie, le plus tendre est celui qui adhère le plus, mais dont la durée de vie est la plus courte.

C'est ici que les mathématiques entrent en jeu : quel temps au tour pouvez-vous réaliser avec chaque composé, et avec quelle stabilité ? Combien de temps dureront-ils ? Combien d'arrêts aux stands devrez-vous effectuer ? Les performances des pneus varient selon les pilotes, les voitures et les circuits. Certaines monoplaces tirent davantage sur les pneus que d'autres (à l'inverse, les voitures trop « douces » peuvent avoir du mal à « activer » leurs pneus pour accéder à la fenêtre de fonctionnement optimal) ; certains pilotes sont meilleurs pour maintenir leurs pneus dans la zone de tolérance ; et certains circuits présentent des surfaces plus abrasives ou des tracés qui sollicitent plus l'un des pneus.

La stratégie idéale, sauf incident, correspond à celle où la voiture parcourt une distance donnée le plus vite possible. Cela implique de choisir la combinaison de pneus la plus rapide avec un minimum d'arrêts. C'est pourquoi les essais du vendredi sont principalement consacrés à des simulations de course, afin que l'équipe puisse déterminer le pneu le meilleur au regard de la piste et du contexte.

Les membres de l'équipe Haas préparent les pneus avant un grand prix. Il existe trois types de pneus pour chaque course, désormais simplement appelés tendres, intermédiaires et dur. En théorie, les premiers offrent plus d'adhérence, mais leur durée de vie est plus courte.

« Le choix des pneus relève d'une décision stratégique clé. »

Haas
Cinturato
PIRELLI
ZERO

Le placement avant tout

En F1, la base de la stratégie consiste à préserver l'avantage dont vous disposez sur toutes les voitures placées derrière vous. Dans *Drive to Survive* (S.1, Ép.8), la stratège en chef d'Alfa Romeo, Ruth Buscombe, glisse à Marcus Ericsson que l'un des facteurs déterminants de sa course va être son « placement ».

Malgré les diverses évolutions apportées au sport, comme le passage aux pneus Pirelli sous Bernie Ecclestone, il reste difficile de doubler en Formule 1. Par conséquent, les pilotes doivent veiller à se positionner de manière à ne pas avoir à le faire. C'est également un point crucial pour les stratèges avec qui ils communiquent depuis les stands.

Monaco est l'exemple même du circuit où le placement sur le circuit est essentiel. Pour ne pas le perdre en passant par les stands, il faut donc réduire autant que possible les arrêts. Le timing est lui aussi important. Si vous sortez des stands derrière une autre monoplace, vous perdez plus de temps que si vous rouliez sur une piste dégagée. L'occasion pour les concurrents d'attaquer.

Un mauvais placement peut également neutraliser l'avantage des différentes stratégies de pneus qu'une équipe adopte. Lors du Grand Prix de Bahreïn 2021 (*Drive to Survive* S.4, Ép.1), Max Verstappen se qualifie en pole et prend la tête de la course, devant Lewis Hamilton. Bien que le Néerlandais ait réussi à effectuer quatre tours de plus que le Britannique avec ses premiers pneus, il émerge des stands derrière la Mercedes. Après leurs derniers arrêts, les pneus de Verstappen ont roulé dix tours de moins que ceux d'Hamilton et il est, en théorie, plus rapide. Mais il ne bénéficie alors que d'une seule véritable occasion pour le dépasser. Or, il met les quatre roues derrière la bordure, une faute qui le contraint à s'incliner.

Max conclut ainsi : « Clairement, aujourd'hui, le placement était crucial, une fois de plus. »

Le placement sur la piste (autrement dit, la position d'une voiture dans la course par rapport à celle du leader) est toujours critique pour la prise de décisions stratégiques. C'est encore plus vrai sur un tracé étroit et sinueux où il est difficile de dépasser et de gagner des positions, comme à Monaco.

Les embouteillages peuvent rapidement se transformer en accidents sur des circuits étroits comme celui de Monaco. Remarquez que la Williams endommagée (au premier plan, à gauche) est déjà à l'arrêt tandis que la Ferrari avec laquelle elle est entrée en contact est toujours en l'air.

Les arrêts TGV au stand

Conformément à l'idée selon laquelle le pilote qui l'emporte est celui qui couvre la distance de la course dans le temps le plus court, les arrêts aux stands doivent être aussi brefs que possible. Prendre son temps dans les stands, c'est perdre du temps.

Au début des grands prix et du Championnat du monde, les équipements étaient si basiques que les écuries et les pilotes préféraient éviter tout arrêt, à moins que la voiture n'ait besoin de carburant, de nouveaux pneus ou que le pilote ne doive boire (ce qui se produisait plus souvent qu'on ne l'imagine à l'époque où les courses pouvaient durer trois heures, voire plus). Soulever la voiture et en retirer les roues ou remplir le réservoir à l'aide d'un énorme bidon et d'un entonnoir pouvait nécessiter plusieurs minutes. Même dans les années 1970, si les arrêts aux stands avaient gagné en efficacité, ils manquaient de chorégraphie.

Prêt à partir. Le pilote doit parfaitement s'arrêter sur les marques prévues à cet effet pour que tous les mécaniciens, avec leurs équipements, puissent intervenir correctement sur son véhicule.

Le pistolet pneumatique d'aujourd'hui est extrêmement sophistiqué, bien loin de l'époque où l'on changeait les roues à l'aide d'un marteau en frappant sur un boulon. Le pistolet informe même un système de surveillance lorsque le travail est terminé.

La stratégie en action

En coulisses

L'une des stratégies les plus courantes en F1 est l'« undercut », utilisé avec succès par Ferrari au début des années 2000 : votre pilote s'arrête le premier, puis il est suffisamment rapide lors de son premier tour de sortie des stands pour dépasser son concurrent lorsque celui-ci s'arrête à son tour. Si vous optez pour l'« overcut », votre pilote s'arrête plus tard et se montre plus rapide lors du tour crucial où son rival quitte les stands. Le succès ou l'échec de ces tactiques dépend de plusieurs facteurs : par exemple, le temps perdu à cause d'autres monoplaces, les problèmes qui surviennent dans les stands, l'état des pneus usagés et le temps nécessaire pour que les pneus neufs atteignent leur température optimale.

Aujourd'hui, chaque membre de l'équipe des stands est protégé par une combinaison ignifuge intégrale, des chaussures et un casque. Difficile d'imaginer que, par le passé, certains portaient des chemisettes, des bermudas et travaillaient sans casque, même à l'époque où le ravitaillement en course était autorisé.

En 1982, Brabham s'attaque à la question de ces arrêts sous l'angle stratégique et commence à en prévoir un pour le ravitaillement en milieu de course, estimant qu'une monoplace plus légère pouvait rouler plus vite. Le temps gagné en roulant léger pouvait-il compenser le temps perdu dans les stands ? La tactique fonctionne (Brabham remporte le Championnat du monde en 1983 et se place en bonne position dès 1982), mais la pratique est interdite pour la saison 1984 en raison du risque d'incendie.
Le ravitaillement en milieu de course est réintroduit en cours de saison 1984, mais accompagné de contrôles stricts en matière de technologie (les raccords doivent s'apparenter à ceux utilisés pour ravitailler les avions en vol). Déjà à cette époque, l'équipe Benetton est prise en flagrant délit de triche lorsque la voiture de Jos Verstappen (père de Max) prend feu pendant le Grand Prix d'Allemagne : l'écurie avait voulu augmenter le débit de carburant.
Ferrari a exploité les possibilités stratégiques liées au ravitaillement en carburant lors de ses remarquables années, début 2000. Ils ont délibérément équipé leurs voitures de réservoirs plus petits, convaincus de pouvoir l'emporter en s'arrêtant plus souvent, et au bon moment.
Le ravitaillement en course a été de nouveau interdit en 2010, mais cette décision n'a fait qu'engendrer une nouvelle course à la technologie. Auparavant, la durée de l'arrêt était imposée par la limite de débit du carburant. Désormais, seule compte la vitesse de changement des roues et des pneus. Pour gagner du temps, les écuries ont alors exigé davantage des équipes intervenant dans les stands (les *pit crews*, régulièrement envoyées en stages d'entraînement intensif) et ont développé des équipements sur mesure.
La durée des arrêts aux stands est passée de 8 secondes ou plus à moins de 3. Les équipes ont encore gagné quelques fractions de seconde en éliminant le facteur humain. Désormais, le signal du départ est donné au pilote par un feu vert plutôt que par une personne tenant un panneau et les mécaniciens pressent un bouton du pistolet pneumatique pour indiquer qu'ils ont terminé plutôt que de lever la main.

Place au flou le plus total lorsque les mécaniciens se précipitent sur la voiture qui s'arrête au stand. Chacun remplit un rôle très spécifique, et, hors course, ces arrêts sont répétés des centaines de fois afin d'être parfaitement exécutés et de gagner la moindre nanoseconde.

HUBLOT

La stratégie en action

Simplifier la complexité

Drive to Survive, qui aime se concentrer sur des actions simples à appréhender, laisse l'explication des subtilités telles que la stratégie et le choix des pneus aux médias spécialisés. L'exposition de la bataille entre Carlos Sainz (McLaren) et Daniel Ricciardo (Renault) dans l'épisode 3 de la saison 2 (« Un duel sans merci ») constitue un bon exemple de cette narration épurée. Ricciardo dépasse Sainz. Tous deux s'arrêtent au stand en même temps. Sainz dépasse Ricciardo et termine avec quatre places d'avance. Fin de l'histoire !

Or, l'histoire ne s'arrête pas là. Ricciardo, plus rapide que Sainz en qualifications, n'est parti derrière lui qu'en raison d'une pénalité de trois places sur la grille due à un incident avec Daniil Kvyat à Bakou. Lors de leurs arrêts au stand simultanés, Sainz a des pneus intermédiaires tandis que Ricciardo a choisi des pneus durs, qui mettent davantage de temps à chauffer. D'où la facilité avec laquelle Sainz a dépassé son concurrent. De plus, un plan montre Sainz en pneus à gomme tendre plus tard dans la course, le type de détail qui fait enrager certains fans de F1 (qui distinguent les pneus grâce au système des bandes colorées).

Les deux pilotes se sont suivis de près jusqu'à ce que la voiture de sécurité ne soit déployée après l'arrêt au stand suivant de Ricciardo. Sainz s'est arrêté alors que la voiture de sécurité était en piste et que ses concurrents roulaient moins vite, ce qui lui a permis de gagner une place tandis que Ricciardo en perdait une – et se retrouvait ensuite coincé derrière son coéquipier.

Vous trouvez cette version trop détaillée ? À vous de voir…

La stratégie en action

La stratégie du contraire

Au moment des arrêts au stand, vous entendrez souvent l'ingénieur proposer à son pilote de faire le contraire de ce que fait celui qui le précède. S'il s'arrête, vous continuez ; s'il continue à rouler, vous vous arrêtez. La nécessité pour le pilote de tête de conserver sa place donne au suivant un avantage tactique potentiel, en particulier sur les circuits dont la configuration amplifie l'impact de l'undercut. La finale controversée de la saison 2021 à Abou Dhabi (*DTS*, S.4, Ép.10) nous montre un exemple particulièrement probant de la façon dont un pilote suiveur peut exploiter cette situation. Lewis Hamilton devançait Max Verstappen lorsque la voiture de sécurité a été déployée, à quelques tours de la fin. Impossible pour Hamilton de s'arrêter sans céder sa place – s'il s'arrêtait, Verstappen continuerait. Verstappen s'est donc arrêté et a chaussé des pneus neufs, bénéficiant alors d'un avantage décisif lorsque le drapeau vert a été agité.

Le jargon technique
Le delta

Le terme « delta » (peut-être l'un des plus agaçants et pompeux de la F1) désigne simplement un écart de temps. Il est généralement utilisé pour décrire les potentiels écarts de temps au tour en fonction du composé choisi (3 sont disponibles), l'écart entre les temps au tour de deux voitures ou celui entre les monoplaces sur la piste. Pendant les périodes voiture de sécurité virtuelle, les pilotes doivent respecter un temps au tour prédéfini (plus lent que la vitesse en course) et leur écran de bord leur indique s'ils sont « delta positif » ou « delta négatif », c'est-à-dire plus lents ou plus rapides que la vitesse autorisée.

Le jargon technique
Le décalage de stratégie

Appliqué aux pneus, le décalage de stratégie consiste en une différence de performance causée soit par l'âge relatif des pneus en termes de tours effectués soit par les types de composés. Il s'agit d'un moyen couramment utilisé pour obtenir un avantage stratégique. Les équipes y ont recours soit en début de course en optant pour des pneus différents de ceux des autres voitures, soit pendant la course en ne s'arrêtant pas en même temps que leurs concurrents immédiats, afin de bénéficier d'une usure moindre ou de s'équiper d'un type de composé alternatif.

> « Au moment des arrêts au stand, vous entendrez souvent l'ingénieur proposer à son pilote de faire le contraire de celui qui le précède. »

INDEX

Crédits photographiques

Alamy Stock Photos : 2, dpa/Alamy Live News ; 6, Florent Gooden/DPPI ; 2, dpa/Alamy Live News ; 9 t, David Davies ; 10, dpa/Alamy Live News ; 12, dpa/Alamy Live News ; 13, XPB Images Ltd/Alamy Live News; 14, XPB Images Ltd/Alamy Live News; 15r, Abaca Press; 16 t, Antonin Vincent/DPPI; 16 b, XPB Images Ltd/Alamy Live News ; 17, DPPI; 18, DPPI; 19, XPB Images Ltd/Alamy Live News; 20, XPB Images Ltd/Alamy Live News; 21, XPB/Press Association Images; 22, James Moy; 23t, Florent Gooden/DPPI/LiveMedia; 23b, dpa/Alamy Live News ; 24, Reuters/Hamad I Mohammed; 28, XPB Images Ltd/Alamy Live News; 30, Octane ; 57, Moviestore Collection; 70, corleve; 72, Remko De Waal/ANP; 74, National Motor Museum/Heritage Images; 75, The Picture Art Collection; 76, Shawshots; 77t, Historic Collection; 77b, World History Archive; 78, Avpics; 79 t, GPL-Fred Taylor ; 79b, John Gaffen; 80 t, XPB Images Ltd/Alamy Live News ; 80b, height advantage; 81, Loop Images Ltd; 82, Florent Gooden/DPPI/LiveMedia; 83 t, Claire Mackintosh ; 84, XPB Images Ltd/Alamy Live News; 86, Avpics; 87, Antonin Vincent/DPPI/LiveMedia ; 88, CJM Photography; 89, KS_Autosport; 90, XPB Images Ltd/Alamy Live News; 91, James Moy; 92, DPPI; 95 t, IPA ; 96, IPA ; 98, GPL-Geoff Goddard; 99, Peter Seyfferth; 100, James Moy; 102, James Moy; 103, Geza Kurka; 104, speedpix; 105, Actionplus; 106, James Moy; 108 t, s&g ; 108b, Gergo Toth; 109t, dpa/Alamy Live News ; 109 b, David Davies ; 110, David Kashakhi; 112, Nippon News; 113, DPPI; 114, Wenn Rights Ltd; 115, Juha Jarvinen; 116, Evgeny Glyanenko; 118, David Davies; 120, A.P.S. (UK) ; 122, James Moy; 124, Reuters/Hamad I Mohammed; 126, XPB Images Ltd/Alamy Live News; 128 t, MiRafoto.com ; 128bl, Photo12/Ann Ronan Picture Library; 128br, LiveMedia; 129t, Martyn Goddard; 129 b, GPL-Franco Lini ; 130, James Moy; 132, GPL-Geoff Goddard; 133t, National Motor Museum; 133b, CJM Photography; 134, corleve; 135, DPPI; 136, Leks Agency; 138, Tim Goode; 140, Xinhua; 141, DPPI; 142, dpa/Alamy Live News ; 144, IPA ; 145, Aly Song; 146, dan74; 147, dpa/Alamy Live News ; 148, XPB Images Ltd/Alamy Live News; 150, Henadzi Pechan; 151, IPA ; 153, corleve; 154, dpa/Alamy Live News ; 156, Crispin Thruston; 159, dpa/Alamy Live News ; 160, GPL-Bryn Williams; 161, Theodore Liasi;162, Oleg Konin; 164, Nippon News; 165, Marco A. Rezende/BrazilPhotos; 167, Avpics; 168, XPB Images Ltd/Alamy Live News; 170, Rula Rouhana; 171, Vipula Samarakoon; 172, Edgar Su; 173, LiveMedia; 174, James Lindley; 175, Mikalai Zastsenski; 177, Frank Nowikowski; 178, David Davies; 179, Steve Etherington; 180t, Octane; 180b, DPPI; 181, James Moy; 182, James Moy; 184, Bender Rodriguez; 190, Action Plus Sports Images.

LAT Images: 4, Mark Sutton; 9b, Glenn Dunbar; 26, Steve Etherington; 27, Sutton Images; 31, Charles Coates; 32, Carl Bingham; 34; 35, Steve Etherington; 36, Rainer Schlegelmilch; 37 ; 38 ; 39, David Phipps; 40 ; 41, Rainer Schlegelmilch; 42, David Phipps; 44 ; 45 ; 46, David Phipps; 48 ; 49, David Phipps; 50, David Phipps; 51, David Phipps; 52 ; 54 ; 56, Sutton Images; 58, Rainer Schlegelmilch; 60 ; 61, Andy Hone; 62, Sutton Images; 63 ; 64, Sutton Images; 66, Patrik Lundin; 68, Daniel Kalisz; 69, Sutton Images; 94, Rainer Schlegelmilch; 95 b, Giorgio Piola ; 105, Peter Nygard; 147, Sutton Images; 174, Jerry Andre.

Remerciements

Merci à tous ceux qui ont contribué à la réalisation de ce livre : le duo formé par mon éditeur, Dennis Pernu, et la cheffe de projet, Brooke Pelletier, merci pour leur enthousiasme et leur patience (mise à rude épreuve). Merci à Box To Box Films dont l'émission toujours divertissante a fait découvrir la Formule 1 à un tout nouveau public… sans pour autant réussir à convaincre mon épouse, Julie – que je tiens à remercier tout particulièrement pour son amour et son soutien sans faille –, ni mes chats, qui continuent à préférer dormir le dimanche après-midi. Ils ne sauront jamais que mes apparitions dans *Drive to Survive* ont toutes été coupées au montage…

CROWDSTRIKE
IWC